シリーズ
キーワードで読む中国古典
❷

人ならぬもの

鬼・禽獣・石

廣瀬玲子【編】＋本間次彦＋土屋昌明

法政大学出版局

人ならぬもの——鬼・禽獣・石　目次

第二章

禽獣について

本間次彦

1　禽獣とは何か（一）――張載・邵雍・程子
1　張載
2　邵雍
3　程子
2　禽獣とは何か（二）――朱子
3　禽獣とは何か（三）――戴震
4　聖人と禽獣（一）――禽獣の脅威と孔子
1　災害と暴君
2　「聖人の道」と孔子
3　禽獣への転落
4　孔子とは誰か
5　聖人と禽獣（二）――象徴としての鳳凰・麒麟・龍
1　孔子と鳳凰
2　孔子と麒麟と『春秋』
3　帝王と龍
6　韻文の中の禽獣
1　『詩経』
2　「上林賦」
3　「山居賦」
4　「鵩鳥賦」

第三章　石について――土屋昌明　155

総説

人ならぬものと文

人は人をどのようなものだと考えてきたか。人が行うこの自己規定は、裏を返せば人ならぬものを規定することである。人ならぬものとは、人に及ばないもの、そして人を超えたものだ。人に及ばないとされるものが、実は、人を超えたものであると気づくこともある。

自然から出発してさまざまな文化を発展させてきた人間。その文化が凝縮されているとも言える「文」の一文字のつく熟語を考えてみよう。文字。文学。文章。そこからは、文字で書かれたものや言語を基盤とする、人に特徴的な営みが浮かびあがってくる。文が人間らしさであり人の文化であるならば、人ならぬものと文との関係はどのように考えられてきたのだろうか。ここでは、本書で取りあげる鬼（＝死者の霊）・禽獣（＝動物）・石のそれぞれと文との関わりを紹介して本論への導入としたい。

1 文と鬼

中国では、文化の起源を聖人に求めてきた。特別な人間である聖人たちが、その他の人々が生存するための道具を与えてくれたと考えたのである。初めて文字を作ったのが蒼頡《そうけつ》であるという伝説はよく知られている。『淮南子《えなんじ》』本経訓には、次のようにいう。

昔者蒼頡作書而天雨粟、鬼夜哭。

むかし蒼頡が文字を作ると天は粟を雨のように降らせ、死霊は夜に声をあげて泣いた。

原文の「書」は、ここでは文字を指す。文字ができたとき、なぜ天と鬼がそれに反応するのか。またその反応はなぜ粟を降らせることや夜に泣くことなのか。一つの解釈は、文字ができたことによって、人が農作業にいそしむことがなくなり飢饉が起こることを予知した天が人に食料として粟を与え、一方で死者の霊は文字によってその所業が永遠に残ることにおびえて泣いたというものである。

高誘《こうゆう》の注に見られるこの説の原文は次のとおりである。

蒼頡始視鳥迹之文、造書契。則詐偽萌生。詐偽萌生、則去本趨末、棄耕作之業而務錐刀之利。天知其将餓故為雨粟、鬼恐為書文所劾故夜哭也。

蒼頡は鳥の足跡のかたちを見て初めて文字を作った。すると偽りが芽ばえた。偽りが芽ばえると本業（農業）を離れて末業（商工業）へと走り、耕作の仕事を棄ててわずかな利益を求めるようになった。天はきっと人が餓えるであろうと知って粟を雨のように降らせ、死霊は文書で弾劾されることを恐れて夜に慟哭したのである。

『淮南子』のこの箇所の文脈では、人が大いなる道すなわち自然のままの状態から離れて文化を生み出したことを、虚偽の始まりとして悲観的にとらえている。だからこそ、自然そのものとも言える天と、もとは人であったとはいえすでに自然界の側にいる鬼が、文字の発明を憂い嘆いているという解釈が成立するのである。

古代の歴史資料を集めた清代の書物『繹史《えきし》』の「黄帝紀」に引用された『春秋元命苞《しゅんじゅうげんめいほう》』では、

蒼頡は帝の一人とされ、目が四つあったとされる。四つの目によって自然界をくまなく観察したと考えられたのであろう。「窮天地之変、仰観奎星円曲之勢、俯察亀文鳥羽山川、指掌而創文字。天為雨粟、鬼為夜哭、龍乃潜蔵」(天地の変化を見きわめ、天を仰いでは奎宿の星がゆるやかに曲がった形を描いているのを観察し、地に俯いては亀の甲羅や鳥の羽の模様、山や川を観察して、やすやすと文字を創り出した。そのために天は粟を雨のように降らせ、死霊は夜に声をあげて泣き、龍はひっそりと姿を隠した)と記述されている。天と鬼に加えて龍も文字の発明を恐れたのだろうか。自然界においては霊妙でとらえどころのない存在である鬼や龍も、文字によってとらえられてしまう。両者はそのことを深く悲しんだということかもしれない。

鬼の敵である文。第一章「鬼について」では、鬼が道士の書く符籙(おふだ)や判決文などによって退散させられるという場面を見ることができるだろう。

2 文と禽獣

「文は以て道を載せる」という言葉がある。人が書きつらねる文章が果たすべき使命は、天が定め、聖人が教えた道を明らかにすることであるという意味だ。儒家はこのように人にとっての道を重視した。この儒家の道の起源を論じ、それを継承することの重要性を説いた文章が唐の韓愈《かんゆ》の「原道《げんどう》」（道とは何か）である。「原道」の主旨は、道家・仏家を批判し、儒家の道こそが人の道であると主張することであった。無為自然の道や仏道のような紛らわしい別の道を説く思想を捨てること、真の道（＝儒教の道）へと立ち戻るべきことが急務とされている。

聖人は人々が安らかに生きられる世界を築いてくれた。「原道」では、その聖人が最初にしたことは、人の住む空間を確保し、衣食住という生活の基本条件をかなえることであった。

古之時、人之害多矣。有聖人者立、然後教之以相生養之道、為之君、為之師、駆其蟲蛇禽獣而処之中土。寒然後為之衣、飢然後為之食。木処而顚、土処而病也、然後為之宮室。

古代には、人は危害を被ることが多かった。そこで聖人が立ちあがって人々に生きていく道を教え、人々の君主となり師匠となり、虫や蛇、鳥や獣を追いはらって人々が中原の地に住めるようにした。寒ければ衣服を作り、お腹がすけば食事を作った。木の上に住んでいて下に落ちたり、洞穴に住んで病気になったりすれば家屋を作った。

原初のころ、聖人は類稀《たぐいまれ》な知力と行動力によって、人類が生きのびてゆくことを可能にした。韓愈は、「如古之無聖人、人之類滅久矣」（もしも古代に聖人がいなかったら、人類はとっくに滅びていただろう）

とも述べている。第二章「禽獣について」で論じるように、聖人の功績についてのこのような考え方はすでに『孟子《もうし》』に見られ、滕文公上篇では「舜使益掌火、益烈山沢而焚之、禽獣逃匿」（舜は益を火の責任者とした。益は山川に火を放って焼いたので、禽獣は逃げて隠れてしまった）と、聖人の名が舜《しゅん》と特定されている。さらに禹《う》は洪水を治め、蛇や龍を追いはらう（滕文公下）。いずれにしても、人が安らかに住まうためには禽獣が駆逐されなければならなかった。人間の文化的繁栄の背後には、追いやられた不可視の禽獣たちが存在しているのである。

自然のままの存在である禽獣はこのように文（＝人の文化）の対極にあるものとして記述されるわけだが、実は自然界にも文はある。それが、文字のもとにもなった文（鳥の足跡もその一例）であり、自然界に存在する模様（文様《もんよう》）や飾りである。天の文（＝天文）が日月星辰であると言えば、なるほどと思われるのではないか。現代においても、天文学という自然科学の一分野にはこの古い名が残っている。人の文はむしろ自然界のさまざまな文の一つに過ぎないという認識が見られるのが、六朝時代の梁の劉勰《りゅうきょう》が著した『文心雕龍《ぶんしんちょうりゅう》』原道篇である。

文之為徳也大矣、与天地並生者、何哉。夫玄黄色雑、方円体分、日月畳璧、以垂麗天之象、山川煥綺、以鋪理地之形。此蓋道之文也。仰観吐曜、俯察含章、高卑定位、故両儀既生矣。惟人参之、性霊所鍾、是為三才。為五行之秀、実天地之心。心生而言立、言立而文明、自然之道也。

傍及万品、動植皆文、龍鳳以藻絵呈瑞、虎豹以炳蔚凝姿。雲霞雕色、有踰画工之妙、草木賁華、無待錦匠之奇。夫豈外飾、蓋自然耳。

文とはすばらしいものだ。それが天地とともに生じたのはなぜだろうか。天は玄《くろ》く大地は黄で色が異なり、四角と円で形もちがう。天には日と月とが玉をつらねたように懸かり、地には山や川がきらめく美しさで筋目正しく広がっている。これこそは道の表す文なのである。仰いでは天に日月が輝くのを見、俯《うつむ》いては地に万物が美を具えているのを見る。天は高く地は低く、それぞれに位置が定まり天地が形成された。人はその天地に三番目のものとして加わり、天地の霊気を凝集したものであるので、天地人を三才という。人は五行の秀気であり、天地の心である。心が生ずれば言語が成り立つ。言語が成り立てば文が明らかになる。これが自然の道理である。

それを万物に広げて考えるなら、動物にも植物にも文がある。龍や鳳は美しい鱗や羽の模様によって瑞祥をあらわし、虎や豹は輝かしい毛色によって雄姿を凝らしている。雲や朝焼け・夕焼けの色は絵描きの技を超えているし、草木の花は機織り職人の腕を必要とはしない。それらは決して外から加えた飾りではなく、自然の美なのである。

言語は人に独特なものでありながら、自然の文の一種でもある。天にも地にも文はあり、動物にも植物にも文はある。人の文とは、天と地に第三のものとして加わったにすぎないとも言えるのである。それでは最後に、生命のない鉱物である石と文との関わりを見てみよう。

3 文と石

秦の始皇帝《しこうてい》は天下を統一したのちに各地を巡行し、自らの功績を石に刻んで立てた。このことは司馬遷《しばせん》も『史記《しき》』秦始皇本紀に記している。たとえば、「そこで泰山に登り、石を立て、封禅の儀を行い、祭祀を行った」(乃遂上泰山、立石、封、祠祀)というのがその一例である。山岳と石との密接な関係は第三章「石について」でも明らかになるが、竹簡や木簡よりもはるかに堅固な物質である石に刻むことで、皇帝は自らの偉業を永遠に人々の記憶に残そうと考えたのであろう。司馬遷はそれらの石刻の文章も記録している。

この石刻よりもさらに古いと推測されるのが石鼓文である。石鼓とは戦国時代に秦で製作されたであろうとされる太鼓の形をした十個の石で、唐代に人々に知られるようになり、転変を経て現在は故宮博物院に保存されているという。石に刻まれているのは四字句を基本とする韻文であり、狩猟や祭祀の様子がうたわれている。これを石鼓文という。

さて、再び韓愈に登場してもらおう。韓愈が「石鼓歌《せきこか》」を作っているからである。「石鼓歌」は、石鼓文の拓本を持ってきた友人の張生（張籍あるいは張徹とされる）の勧めに応じて作った七言の古詩である。韓愈は長い詩の冒頭で、杜甫も李白もこの世にいない今、自分のような才能薄い者にはどうしたらよいかわからないと困惑しつつも、まずは石鼓文の由来をうたう。

周綱陵遅四海沸、宣王憤起揮天戈。大開明堂受朝賀、諸侯剣珮鳴相磨。蒐于岐陽騁雄俊、百里禽獣皆遮羅。鐫功勒成告万世、鑿石作鼓隳嵯峨。従臣才藝咸第一、揀選撰刻留山阿。雨淋日炙野火燎、鬼物守護煩撝呵。

周代の政治秩序がおとろえ四海が乱れたとき、宣王は奮起して天子の力で平らげた。明堂を大きく開いて諸侯の朝賀を受けると、諸侯の剣や帯玉が触れあう音が鳴り響くのだった。岐陽の野で名手たちが馬を走らせて狩猟を行えば、百里にわたる鳥や獣はみな網に絡めとられた。その功績を彫って刻み　万世にわたって告げ知らせようと、切り立つ山をうちくだき石を削って石鼓を作ったのだ。付き従う臣下たちの才能はみな天下一品、その中から選ばれた者が文章を作り　石に刻んで山かげに置いたのだ。雨にぬれ日は照らし　野火が焼いたが、鬼物が守護してあだなすものを退けた。

ここには石と文、禽獣と鬼（鬼物）が出そろっている。「原道」に示されていた聖人による禽獣の駆逐を反復するかのように狩りが行われ、その様子が石に文字として刻まれる。それを守護するのが鬼物というわけである。難解なその文字の形がたとえられるのもまた、さまざまな生き物たちである。

　公従何処得紙本、毫髪尽備無差訛。辞厳義密読難暁、字体不類隷与科。年深豈免有缺画、快剣斫断生蛟鼉。鸞翱鳳翥衆仙下、珊瑚碧樹交枝柯。金縄鉄索鎖紐壮、古鼎躍水龍騰梭。

　君はどこからこの拓本を見つけてきたのか、髪の毛ほどの細かいところまで整っていて間違いがない。言葉や意味は厳かで緻密　読もうとしてもむずかしく、字体は隷書にも科斗書にも似ていない。年月を経ているため　字画が欠けているのも仕方ないが、まるで鋭い剣で生きた蛟《みずち》やワニを切り裂いたよう。鸞《らん》が飛び鳳凰が羽ばたき仙人たちが下ってくるようでもあり、珊瑚や碧樹が枝を交わすようでもある。金の縄と鉄の鎖でがんじがらめに縛ったようなところもあれば、古い鼎が水に飛び込み　梭に化けていた龍が昇天するようでもある。

字体は隷書でもなく科斗書でもない。科斗とはおたまじゃくしのことで、科斗書はおたまじゃくしに似た古代文字である。大昔に石に刻まれた神秘的な文字がなぞらえられるのは、蛟・ワニ・鸞・

鳳・珊瑚・碧樹・金縄・鉄索・古鼎・龍などである。文字を用いるのは人だけだが、その文字の多くは自然界の物たちの姿をしているのである。

「石鼓歌」はこのあと、石鼓文の価値をたたえ、野ざらしのままにせず大切に保存するように提言したが聞き入れられないと、遺憾の念を表している。そのときに引き合いに出されるのが後漢の霊帝の熹平四年（一七五年）、蔡邕《さいよう》の上奏を受け、勅命により立てられた、七種の経書を刻んだ石経である。石経とは、標準となる経書テクストを石に刻んだもので、この熹平石経を嚆矢とする。『後漢書《ごかんじょ》』蔡邕列伝には、「及碑始立、其観視及摹写者、車乗日千餘両，塡塞街陌」（石碑が立てられると、見に来る者や模写する者の車が日に千両以上やってきて街路にいっぱいになった）と記されている。韓愈は、石経でさえそうであったのだから、さらに古い石鼓であれば国を挙げて人々が押しよせるであろうと予想する。

石鼓も石経も、そこに刻まれた文字を永遠たらしめるために石という堅固な素材を用いたのである。しかし実際には、年月を経るうちに傷つき破壊されることも珍しくはない。

牧童敲火牛礪角、誰復着手為摩挲。日銷月鑠就埋没、六年西顧空吟哦。

牧童が火打ち石代わりに敲き牛が角をとぎ、手で磨いてくれる者は誰もいないだろう。一日ごと一月ごとにすり減り壊れて埋もれてしまうだろう、この六年間西を見てはむなしくため息をつくばかりである。

文の永遠性を求めて選ばれた石もまた、人の力で守られなければ摩耗し埋没してしまう。限りある人間と永遠なる自然との関係も、それほど単純ではないようである。

人ならぬものとは、天・地・人のうち人ではないもの、つまり天や地に属するものである。天と地は、人を上と下から包んで支えている自然そのものである。その自然のなかで人は生きることができるわけだが、人はその営みによって自然を変化させる。また、人も自然の一部であり、自然によって変化させられる。人と自然とは、実は截然と分けられるわけではない。このことは、以上のように、人間の文化の象徴としての文の起源や形態を考えるときに、つねに天や地に存在する物たちが言及されることからも見てとれる。この中国の世界観は、もしかすると今こそ実感をもって受けとめられ、わたしたち人間のあり方に再考を促すのではないだろうか。

このような問いを投げかけつつ、これから人ならぬものに関わるテクストを見てゆくことにしよう。

底本

何寧『淮南子集釈』(全三冊)、北京、中華書局、一九九八年

馬驌『繹史』(全十冊)、王利器整理、北京、中華書局、二〇〇二年

孫昌武選注『韓愈選集』、上海、上海古籍出版社、一九九六年
朱熹『四書章句集注』、北京、中華書局、一九八三年
劉勰著・詹鍈義証『文心雕龍義証』（全三冊）、上海、上海古籍出版社、一九八二年
范曄『後漢書』、北京、中華書局、一九六五年

参考文献

原田憲雄『韓愈』、集英社（漢詩大系十一）、一九六四年
一海知義・興膳宏訳『陶淵明　文心雕龍』、筑摩書房（世界古典文学全集二五）、一九六八年
戸川芳郎・飯倉照平訳『淮南子・説苑（抄）』、平凡社（中国古典文学大系六）、一九七四年
目加田誠編『文学芸術論集』、平凡社（中国古典文学大系五四）、一九七四年
小南一郎「石鼓文製作の時代背景」、『東洋史研究』第五十六巻第一号、一九九七年
『月刊しにか』通巻一三三号「特集：石で読む中国史」、大修館書店、二〇〇一年三月
志野好伸「韓愈試論――破壊の後に、幽霊と伴に」、『中国哲学研究』第十七号、二〇〇二年

廣瀬玲子（本巻編者）

＊なお本シリーズは、東京大学東洋文化研究所の班研究「中国学における概念マップの再構築」の成果でもあることを付言しておく。

第一章　鬼について

現在、日本語の「鬼」という文字から真っ先に思い浮かべられるのは、桃太郎に退治されるような鬼《おに》、角を生やした毛むくじゃらな怪物としての鬼のイメージであろう。古典に親しんでいる者であれば、姿かたちはわからないが、『伊勢物語』で女を一口で食べてしまう鬼などを思い起こすかもしれない。

しかしそのような鬼と、中国語の鬼という文字が表すものとは一致しない。そのちがいをはっきりさせるために音読みで鬼《き》と読むことにしたい（ちなみに現代中国語では鬼のアルファベット表記は gui で、グェイに近い発音である）。中国の古典における鬼とは何を指すのか。その思想的意味を探りながら、鬼の登場するテクストを、時代を追って読んでゆくことにしよう。まずは古い用例である。

1　鬼をまつる――『論語』

子曰、非其鬼而祭之、諂也、見義不為、無勇也。

孔子は言った、「自分の祖先の霊ではないのに、その霊を祭るのはへつらうことである。正しいとわかっているのに行わないのは勇気のないことである」。（『論語』為政）

樊遅問知。子曰、務民之義、敬鬼神而遠之、可謂知矣。問仁、曰、仁者先難而後獲、可謂仁矣。

樊遅《はんち》（孔子の弟子）が知とは何かをたずねた。孔子は言った、「民として正しい行いに励み、死者の霊に対しては敬意の念をもつが深くは関わらない、それが知というものだろう」。次いで仁とは何かをたずねた。孔子は言った、「仁をそなえた人はまず苦労をしてそのあとで成果を手に入れる。それが仁というものだろう」。（『論語』雍也）

季路問事鬼神。子曰、未能事人、焉能事鬼。敢問死。曰、未知生、焉知死。

季路（孔子の弟子。子路）が死者の霊に仕えることについてたずねた。孔子は言った、「まだ人に仕えることがきちんとできないのに、どうして死者に仕えることができようか」。季路はさらに思いきって死についてたずねた。孔子は答えた、「まだ生がよくわかっていないのに、どうして死がわかるだろうか」。

（『論語』先進）

以上の例からわかるように、鬼は第一に死者の霊を指す。雍也《ようや》篇では「鬼神」となっているが「神」も霊的存在を表し、ここでは「鬼」とほぼ同じ意味と考えてかまわない。『論語《ろんご》』のこれらの箇所から読み取れるのは、鬼に深くかかわることを避けようとする孔子《こうし》（前五五二頃―前四七九）の態度である。死者を祭ることは祭るが、誰でも祭るのではなく自分の祖先の霊にとどめ、遠くから尊敬の念を表すのがよいという（ちなみに、これが「敬遠」という言葉の出典である）。先進篇では「人」と「鬼」、「生」と「死」が対比されていることで、死者である鬼よりも生者である人を、そして人が生を営む社会を重視する孔子の考え方を読みとるができるだろう。では、ほかの思想家はどのように考えていたのだろうか。

以下、原文中に現れる「鬼」を霊、幽霊などと言い換えずに、訳文でも鬼と記す場合があるが、日本語のいわゆるオニではないことに注意してほしい。

2 鬼は存在すると見なすほうがいい――『墨子』

孔子にやや遅れて春秋・戦国時代を生きた思想家に墨子《ぼくし》（墨翟《ぼくてき》 前五世紀―前四世紀）がいる。孔子の教えを継承した孟子が墨家の思想をはげしく批判していることから、孟子の時代には墨家が強い影響力をもっていたと考えられる。自分の家族と他人の家族をわけへだてなく大切にするという兼愛の思想や、それに由来する非攻（侵略戦争反対）の思想はよく知られている。

『墨子《ぼくし》』には明鬼《めいき》篇（上・中・下に分かれているが、下篇のみ現存する）があり、鬼を祭ることの必要性が説かれている。墨子によれば、天下が乱れている原因は、人々が鬼神の力を十分に認識していないことである。「もし今、天下の人々すべてが、鬼神は賢者にほうびを与えて悪人に罰を下す力があると確信するようになれば、天下はどうして乱れたりするだろうか」（今若使天下之人偕若信鬼神之能賞賢而罰暴也、則夫天下豈乱哉）。墨子はこのように述べて、鬼神は存在しないと主張する人々を批判する。その根拠は、多くの人が目撃していることや、歴史書に鬼神の報復などの記載が見られることである。

子墨子曰、古之今之為鬼、非他也。有天鬼、亦有山水鬼神者、亦有人死而為鬼者。今有子先其父死、弟先其兄死者矣。意雖使然、然而天下之陳物曰、先生者先死。若是則先死者、非父則母、非兄而姒也。今絜為酒醴粢盛、以敬慎祭祀。若使鬼神請有、是得其父母姒兄而飲食之也。豈非厚利哉。若使鬼神請亡、是乃費其所為酒醴粢盛之財耳。且夫費之、非特注之汙壑而棄之也。内者宗族、外者郷里、皆得如具飲食之。雖使鬼神請亡、此猶可以合驩聚衆、取親於郷里。

今執無鬼者言曰、鬼神者固請無有。是以不共其酒醴粢盛犠牲之財、吾非乃今愛其酒醴粢盛犠牲之財乎。其所得者、巨将何哉。此上逆聖王之書、内逆民人孝子之行。而為上士於天下、此非所以為上士之道也。

是故子墨子曰、今吾為祭祀也、非直注之汙壑而棄之也。上以交鬼之福、下以合驩聚衆、取親乎郷里。若鬼神有、則是得吾父母弟兄而食之也。則此豈非天下利事也哉。是故子墨子曰、今天下之王公大人士君子、中実将欲求興天下之利、除天下之害、当若鬼神之有也、将不可不尊明也。聖王之道也。

墨子は言われた。鬼には昔も今もちがいはない。天の鬼があり、山水の鬼神があり、さらに人が死んで鬼となるものがある。ところで、子が父よりも先に死に、弟が兄よりも先に死ぬことがある。そのようなことがあるとはいえ、世の中では昔から、先に生まれた者は先に死ぬと言い伝えられている。もしもそうであるなら、先に死ぬのは父でなければ母であり、兄でなければ姉である。そこで、身を清めて酒食を供えてうやうやしく祭祀を行うとしよう。もしも鬼神が存在するのであれば、それは父母兄姉を迎えて飲食してもらったことになるのだから、十分に役に立ったことになる。たとえ鬼神が存在しないとしても、飲食のお供えのための財を費やしただけのことである。しかも、財を費やすとはいえ、それはたんにどぶに棄ててしまうこととはちがう。内は宗族の者たち、外は郷里の人々が皆で飲食を共にすることができたのだ。もしも鬼神が存在しなくても、皆で集まり、郷里の親睦を深めることができたということになる。

いま無鬼論の立場をとる者は言う。鬼神などというものはもともと存在しない。したがって、酒食や犠牲のための財を供出しないからといって、それらの財を惜しんでいることにはならない。そんなことをしても何になろうか。上は聖王の書の教えにそむき、内は民人・孝子の行いに逆らうものである。それで天下においてすぐれた人物になろうとしても、それはすぐれた人物になる方法ではない。

そこで墨子は言った。いまわたしが祭祀を行うのは、供物をどぶに棄てることとはちがう。上はそれによって鬼の幸福に関係し、下は皆で楽しみ郷里の親睦を深めるのである。もし鬼神が存在すれば、わたしの父母や兄弟がお供えを食べることになる。したがって、これは天下に利益をもたらすことではないだろうか。だからこそ墨子は言う。いま天下の王公・大人・士君子が天下の利を盛んにし、天下の害を除こうとするなら、鬼神の存在については、それを尊び、その存在を明らかにしないわけにはいかない。それが聖王の道である。

墨子は鬼神の存在を主張する一方で、存在しない可能性も認めている。そのうえでまさに存在するかのようにふるまうことの便宜を説くのである。宗族が、そして郷里の人々が親睦を深めることが、ひいては天下に利益をもたらすことになる。鬼神の存在を仮定することで生者の福利が達成される。祭祀は死者の霊のみならず、最終的には生者のためのものだとする実利的な考え方である。

3　鬼は存在しない——王充『論衡』

孔子は鬼の存在を想定したうえでこれを敬遠することを主張し、墨子はたとえ鬼が存在しないとしても存在すると見なすことの利益を説いた。墨子の説を知ったうえで『論語』を読み直すと、孔子は必ずしも死者の霊がどこかに実在すると主張しているわけではない。実在とは別のかたちでの存在のしかたを想定しているとも考えられよう。

一方で、儒家の一人である荀子《じゅんし》（前三二〇頃—前二三〇頃）は、夜道を歩いていて自分の影を幽霊だと思った愚かで臆病な男を例に挙げて、「およそ人々が幽霊の存在を認めるのは必ず瞬間的な錯覚や幻惑の時にそのように判断するのである。それらは、人々が有るものを無いと誤り、無いものを有ると誤る時なのである（凡人之有鬼也、必以其感忽之間、疑玄之時正之。此人之所以無有而有無之時也）」（『荀子《じゅんし》』解蔽《かいへい》）と述べている。ここでは、鬼は現実に人の前に姿を現すもの（すなわち幽霊）と考えられているが、荀子はその存在を否定する。

さらに後漢の王充《おうじゅう》（二七—九七頃）は、さまざまな角度から、この意味での鬼が存在しないことを論証しようと試みる。その論理は明快でなかなかおもしろい。その著書『論衡《ろんこう》』の論死篇から見てみよう。

世謂人死為鬼、有知、能害人。試以物類験之、人死不為鬼、無知、不能害人。何以験之。験之以物。人、物也。物、亦物也。物死不為鬼、人死何故独能為鬼。

世の人々は、人は死ぬと幽霊となり、知覚をもち、人に危害を加えることがあると言う。しかし種々の物に照らして確かめてみると、人は死んでも幽霊になることはなく、知覚もなく、人に危害を加えることもできない。どうしてそれを確かめるのかと言えば、物によって確かめるのである。人は、物である。〔人以外の〕物もまた、物である。〔人以外の〕物は死んでも幽霊にならないのに、どうして人だけが死んで幽霊になることがありうるだろうか。

ここからまずわかるのは、後漢の人々の多くが、死者は鬼となり、鬼には知覚があり、生きている人に対して危害を与えると考えていたということである。王充はそれがまちがいであると論破しようとするのだが、その根拠の一つは、人以外の生き物の幽霊はないということである。鬼を見た、鬼に出会ったという話がすべて人間の幽霊に限られていることに疑問を呈している。

天地開闢、人皇以来、随寿而死、若中年夭亡、以億万数。計今人之数、不若死者多。如人死輒為鬼、則道路之上、一歩一鬼也。人且死見鬼、宜見数百千万、満堂盈庭、塡塞巷路、不宜徒見一両人也。

天地が分かれて人皇が現れて以来、寿命を全うして死んだ者、その途中で若死にした者は億や万の単位で数えるほど多い。今生きている人の数を数えても、死者の多いのには及ばない。もし人が死んで幽霊になるのであれば、道路のうえは一歩ごとに一人の幽霊がいるということになるだろう。人が死に臨んで霊を見る場合には多数の霊がやしきや庭に満ちあふれ、道路を埋めつくしているはずであって、一人か二人を見るだけというのはおかしい。

次に王充が挙げるのは、仮に鬼が存在するとすれば、これまでに死んでいった人の数は膨大であるのに、幽霊を見たという話ではつねに一人か二人を見たというに過ぎないことである。「人が死に臨んで霊を見る」というのは、死ぬ間際には霊たちが迎えに来る、あるいはあの世に近づくためにそこにいる霊たちが見えるという話などを踏まえているのだろう。

天地之性、能更生火、不能使滅火復燃、能更生人、不能令死人復見。［…］案火滅不能復燃以況之、死人不能復為鬼、明矣。夫為鬼者、人謂死人之精神。如審鬼者死人之精神、則人見之、宜徒見裸袒之形、無為見衣帯被服也。何則、衣服無精神、人死与形体倶朽、何以得貫穿之乎。精神本以血気為主、血気常附形体、形体雖朽、精神尚在、能為鬼可也。今衣服、絲絮布帛也、生時血気不附著、而亦自無血気、敗朽遂已、与形体等、安能自若為衣服之形。

天地にそなわった性質として、新たに火をおこすことはできるが、消えた火を再び燃えあがらせることはできない。新たに人を生み出すことはできるが、死人に再び姿を現させることはできない。［…］火が消えれば再び燃えることはないことと比べて考えてみるなら、死人が再び霊として現れることなどありえないのは明らかである。そもそも霊とは死人の精神であると言われている。もし本当に霊が死人の精神であるなら、人がそれを見るときには裸の姿を見るはずで、衣服や帯を身につけているのはおかしい。なぜなら、衣服には精神はなく、人が死ねば肉体とともに滅びるのであるから、どうしてそれを着ることができようか。精神はもともと血気に取り付いており、血気はつねに肉体に取り付いているのだから、肉体が滅びても精神が存在して霊となることはありうるかもしれない。しかし衣服は糸や布やわたでできていて人が生きているときも血気が付着せず、それ自体に血気があるわけでもない。朽ちてしまえばそれで終わりであることは肉体と同じであり、どうして元のまま衣服の形が残ることがありえようか。

ここで王充は、人々が幽霊を見たという場合にその幽霊が衣服を身につけているのは理屈に合わないと論じている。この部分の思考の筋道はわかりやすいので解説するまでもないだろう。では、もしも幽霊が存在しないのだとすれば、なぜ幽霊にまつわる数々の話が伝わっているのだろうか。『論衡』訂鬼《ていき》篇に見られる王充の答えは次のようなものだ。

凡天地之間有鬼、非人死精神為之也、皆人思念存想之所致也。致之何由。由于疾病。人病則憂懼、憂懼則鬼出。

この世界に幽霊が存在するという話は、人が死んでその精神が霊になることによるのではなく、すべて人の思念や想像が招きよせたものである。なぜ招きよせるのかといえば、病気のせいである。人が病気になると心配事やおそれが生じ、心配事やおそれがあると幽霊が出たと思ってしまうのである。

つまり、幽霊に出会ったという話は気の迷いのせいだという。基本的には、先に挙げた荀子が、幽霊を見たという男を愚かで臆病であったと形容していたのと似た判断である。

ところが、王充の生きた後漢に続く六朝時代には、幽霊に会ったという話が多数記録され、今に伝わっている。それらを読むと、幽霊に会った人はそのあとすぐに死んでしまうことが多い。おまえを連れに来たのだとはっきり告げられる場合もある。王充に言わせれば、それらは事実ではなく、体力や気力の衰弱によって存在しないものが見えたということになるのだろうが。

4　鬼に会った話――六朝時代の小説

六朝時代には珍しい出来事や不思議な出来事が盛んに記録されるようになった。それらは小説と呼ばれるが、近代以降の小説のような作者がいるわけではない。代表的なものが怪異の記録であり、天変地異や妖怪変化などの異常な自然現象と並んで、鬼にまつわる話も多数伝えられている。前節を受けて、王充のように鬼の存在を信じない人が鬼と対決する話を見てみよう。

阮瞻素秉無鬼論、世莫能難、毎自謂理足可以辨正幽明。忽有一鬼、通姓名、作客詣阮、寒温畢、聊談名理。客甚有才情、末及鬼神事、反覆甚苦、遂屈。乃作色曰、鬼神古今聖賢所共伝、君何独言無耶。僕便是鬼。於是忽変為異形、須臾消滅。阮黙然、意色大悪。後年餘病死。

阮瞻《げんせん》は日ごろから無鬼論（死霊は存在しないという考え方）の立場をとり、論破できる者はなかったので、つねづね自分は十分に論理的であり、あの世のこととこの世のことをきちんと説明しているものと考えていた。あるとき一人の幽霊が、姓名を告げ、客として阮瞻を訪ねた。寒暖のあいさつを済ませると、しばらく言語や論理について語りあった。客はなかなか才覚に富んでいたが、最後に鬼神の話になると次々と追いつめられ、言い負かされてしまった。そして、気色《けしき》ばんで言った。「鬼神は古今の聖人賢人がともに伝えてきたものだというのに、君に限ってなぜ存在しないなどというのだ。わたしこそが鬼なのだぞ」。そして人ならぬものに姿を変えたかと思うとまたたく間に消えてしまった。阮瞻はおしだまり、気分がとても悪くなった。それから一年ほどで病死したのである。

（『幽明録《ゆうめいろく》』〔『古小説鉤沈《こしょうせつこうちん》』のテクストを『太平御覧《たいへいぎょらん》』巻六一七により校訂〕）

無鬼論を唱える人のもとを鬼が訪れ、身を以てその存在を証明する。阮瞻がほどなくして亡くなったのは、理屈ではかなわなかった鬼の与えた罰なのだろうか。これとよく似た話は他にもいくつかあり、いずれも無鬼論者を鬼が訪ねてきて論破され、自分こそが鬼なのだと告げて帰り、無鬼論者はまもなく死ぬことになる。引用した話では、鬼が客として訪問したと書かれているが、阮瞻がこの客を人間だと思って相対していることは言うまでもない。つまり、鬼の姿かたちは生きている人間と区別がつかないのである。これを人間の側が利用したのが次の話である。

南陽宗定伯、年少時、夜行逢鬼。問曰、誰。鬼曰、鬼也。鬼曰、卿復誰。定伯欺之言、我亦鬼也。鬼問、欲至何所。答曰、欲至宛市。鬼言、我亦欲至宛市。共行数里。鬼言、歩行大亟、可共迭相担也。定伯曰、大善。鬼便先担定伯数里。鬼言、卿大重、将非鬼也。定伯言、我新死、故重耳。定伯因復担鬼、鬼略無重。如其再三。

南陽の宗定伯《そうていはく》が若かったとき、夜に歩いていて幽霊に会った。「君は誰だい」と尋ねると、「幽霊だよ」と言う。幽霊も「そっちは誰だい」というので、定伯は「僕も幽霊さ」とうそをついた。幽霊が「どこへ行くんだい」と尋ねるので「宛《えん》の街へ行くんだ」と答えると、幽霊は「僕も宛の街へ行くところさ」と言う。一緒に数里〔一里は約四三〇メートル〕歩いた。幽霊が「歩くのはたいへんだから、代わりばんこにおんぶしよう」と言うので、定伯は「それはいいね」。幽霊が先に定伯をおぶって数里歩いたが、「君はずいぶん重いね。もしかして幽霊ではないじゃないかい」と言う。定伯は「まだ死んだばかりだから重いだけさ」。次に定伯が幽霊をおんぶすると、ほとんど重さがなかった。二三回こうして歩いて行った。人間と幽霊があたかも人間同士のように道連れになっている。しかも、幽霊は簡単にだまされて一向に気づかない。幽霊同士であればおんぶすると一人は楽になるのかもしれないが、重い人間をおんぶしたらかえって疲れるだろう。それでもやめないで繰りかえしている。そのうえ、次の一節では、うっかり幽霊の弱点までしゃべってしまう。

定伯復言、我新死、不知鬼悉何所畏忌。鬼曰、唯不喜人唾。于是共道遇水、定伯因命鬼先渡、聴之了無声。定伯自渡、漕濯作声。鬼復言、何以作声。定伯曰、新死不習渡水耳、勿怪。行欲至宛市、定伯便担鬼至頭上、急持之、鬼大呼声咋咋索下、不復聴之。径至宛市中、著地化為一羊。便売之、恐其便化、乃唾之、得銭千五百乃去。于時言、定伯売鬼、得銭千五百。

定伯はさらに言った。「僕は死んだばかりだから幽霊はみんな何が苦手なのかわからないんだけど」。幽霊は「人の唾だけはごめんだね」。やがて行く先に川が現れた。定伯は幽霊を先に渡らせて、耳を澄ましたがまったく音を立てない。定伯自身が渡るとじゃぶじゃぶと音がした。幽霊はまた「どうして音を立てるんだい」と言う。定伯は「死んだばかりで川を渡るのに慣れていないだけだよ。変に思わないでくれ」。もうすぐ宛の街に着くというときになると、定伯は幽霊を担ぎあげてぎゅっと取り押さえた。幽霊はわあわあと大声をあげて下ろしてくれと頼んだが聞き入れない。そのまま宛の街に入っていき、地面に下ろすと幽霊は一匹の羊に化けた。そこでその羊を売ることにして、また姿を変えることのないようにつばを付けておき、銭千五百貫を手に入れて立ち去った。そこで当時の人々は「定伯が幽霊売ってもうけた千五百貫」と言いはやしたのである。（『列異伝《れついでん》』、『古小説鉤沈』）

幽霊は、人間の唾が苦手であることを、相手が人間とは知らずに教えてしまう。その後も川を渡るときに疑念をいだくものの再び言いくるめられ、結局自分が漏らしてしまった弱点によって売り飛ばされる。ここで羊に化けるのも、わざわざ売り物になるという失敗を重ねている。幽霊ではあるが、化ける以外の能力はなく、まぬけでまったく怖くない。

この話で幽霊に出会うのは夜であった。無鬼論者の阮瞻を訪問したのは昼間のようだが、幽霊はやはり夜に姿を現すことが多い。昼間は、存在したとしてもふつうの人間には見えないのである。ところが、昼間でも死者の霊が見える特殊な能力をもつ人々がいた。夏侯綜はその一人である。

夏侯綜為安西参軍、常見鬼。騎馬満道、与人無異。嘗与人載行、忽牽人語、指道上一小児云、此児正須大病。須臾、此児果病、殆死。其母聞之、詰綜。綜云、無他、此児向於道中擲塗、誤中一鬼脚。鬼怒、故病汝児爾。得以酒飯遺鬼、即差。母如言而愈。

夏侯綜《かこうそう》は安西参軍であったが、いつも死者の霊が見えた。幽霊たちは馬に乗って大勢道を行きかっており、生きている人と違いがない。あるとき、別の人と一緒に馬車に乗っていた折に、夏侯綜はその人の袖を引っぱって道にいる子供を指さし、「この子はきっと大病にかかりますよ」と言った。まもなくその子供は言葉どおりに病気になり、ほとんど死にそうになった。子供の母親が夏侯綜の予言のことを聞き知って、どういうことか尋ねた。夏侯綜は、「病気の理由は他でもない。この子が以前、道で泥を投げて、うっかり一人の幽霊の脚にあててしまい、幽霊が怒ってお子さんを病気にしたのですよ。幽霊に酒とお供えの食べ物を捧げればすぐに治るでしょう」と言った。母親がそのとおりにすると、子供の病気は快復した。

(『捜神後記《そうじんこうき》』巻六)

この話でも、やはり霊の姿は生きている人間と変わりがないと述べられているが、その姿は夏侯綜にしか見えない。道で遊んでいた子供が投げた泥があたっても、他の人は誰も気づかないのだが、鬼は病気という報復を与えたのである。生者の世界には、見えないかたちで死者が存在している。その死者を傷つけた生者には罰が下される。ただし、酒食を供えて祭ることで許してもらえる。ここには、死者の存在を想起し思いを伝えるという祭祀の基本的な構造が示されていると言えよう。

次は死んだ夫が鬼となり、もとの家に帰ってきて住みつく話である。

庾崇者、建元中于江州溺死、爾日即還家。見形一如平生、多在妻楽氏室中。妻初恐惧、毎呼諸従女作伴。于是作伴漸疏、時或暫来、輒恚罵云、貪与生者接耳。反致疑悪、豈副我帰意邪。従女在内紡績、忽見紡績之具在空中、有物撥乱、或投之于地、従女怖惧皆去。鬼即常見。有一男纔三歳、就母求食。母曰、無銭、食那可得。鬼乃凄愴撫其児頭曰、我不幸早世、令汝窮乏。愧汝念汝、情何極也。忽見将二百銭置妻前、云可為児買食。如此経年、妻転貧苦不立。鬼云、卿既守節、而貧苦若此、直当相迎耳。未幾、妻得疾亡、鬼乃寂然。

庾崇《ゆすう》は建元年間（三四三―三四四）に江州で溺死したがその日のうちに家に帰ってきた。姿かたちは生前と同じで、妻の楽氏の部屋にいることが多かった。妻は、最初はこわがっていつも姪たちを呼んで一緒にいた。そこでだんだん妻と一緒にいられることが減り、あるときやって来たかと思うと怒って罵った、「生者とつきあいたいのに逆に邪険にされるのでは、せっかく帰ってきた甲斐がないではないか」。姪たちは部屋で糸を紡いでいたが、その道具が空中に浮かび、物が散乱したり地に投げつけられたりするのを見て、こわくなって皆逃げてしまった。鬼は、それからはいつも現れた。三歳になったばかりの男の子が一人いて、母親に食べ物をねだった。母は「お金がないから食べ物は買えないのよ」と言う。鬼は悲痛な思いでその子の頭をなでて、「運悪くわたしが早く死んだからおまえには貧しい暮らしをさせてしまったな。おまえに申し訳ないと思う気持ちが収まらないよ」。そしてふいに二百貫の銭を妻の前に置いて、「息子に何か食べさせてやってくれ」と言った。このようにして何年か経つうちに妻はますます貧しくなり、生活が成り立たなくなった。鬼は「おまえは貞節を守っているのにこんなに苦労が多い。迎えに行ったほうがいいようだ」と言った。まもなく妻は病気で亡くなり、鬼も現れなくなった。

（『幽明録』、『古小説鉤沈』）

庾崇の鬼は死んだにもかかわらず、もとの家に帰ってきて家族と一緒にいようとする。怖がられながらも家族を見守り、窮乏を見かねてお金を授けることもあるが、それ以上の力はない。最後は、苦労してばかりの妻をあわれんであの世に迎えることにする。哀愁を感じさせる控えめな幽霊である。この話は、生者が祭祀を行うことで祖霊の庇護を得るという図式には収まらず、鬼が生者から避けられてもなお、けなげに家族を守ろうとしている。

さて、これまでに登場したのはいずれも、外見が人と変わらない鬼であった。しかし場合によっては、巨大な鬼が登場する。こうなるともはや死者の霊というよりは別種の魔物に近い。身長は、一丈余りということが多いが場合によっては二丈や三丈に達し、屋根に腰かけて地面に足が届くという描写もある。この時期の一丈は二メートル四十センチほどであるから、その大きさは脅威であろう。ただし、一と二、二と三は伝承の過程での誤写の多い文字でもある。

呉中人姓顧、往田舎、昼行、去舎十餘里、但聞西北隠隠、因挙首、見四五百人、皆赤衣、長二丈、倏忽而至、三重囲之。顧気奄奄不通、輾転不得、且至晡、囲不解。口不得語、心呼北斗、又食頃、鬼相謂曰、彼正心在神、可舎去。豁如霧除。顧帰舎、疲極臥。其夕、戸前一処、火甚盛而不然、鬼紛紜相就、或往或来呼顧談、或入去其被、或上頭而軽如鴻毛。開晨失。

呉中の人で姓を顧という者がいなかの家に行き、昼間に外出した。家から十里余りのところで西北のほうからかすかな音が聞こえてきた。そこで頭を上げて見ると、四五百人の人々が見えた。みな赤い衣を着て背たけは二丈、あっという間にやって来て、顧を三重に取り囲んだ。顧は息も絶え絶えになり、寝返りを打つこともできない。しばらくすると日暮れになったが囲みは解けなかった。口をきくことができないので、心の中で北斗の名を唱えた。まもなく鬼たちは互いに「こやつは心を凝らして神を念じているからやめておこう」と言い、霧はからりと晴れた。顧は家に帰り、ぐったりと疲れて眠った。その夜、戸の前のところで火が盛んに燃えているのかと思うとそうではなく、鬼が大勢集まってかたまっているのであった。行ったり来たりして顧を呼ぶものあり、家に入ってきてふとんをはがすものあり、頭の上に乗るものまであったが、鴻毛のように軽かった。夜が明けるといなくなった。

（『幽明録』、『古小説鉤沈』）

この話は、鬼の圧倒的な大きさと人数において際立っている。衣服の赤い色も印象的である。後半にはよくわからない箇所もあるが、顧は鬼の襲来は受けたものの、連れ去られることは免れたようである。北斗の名を唱えることで鬼が退散しているのは、北斗星が司命（人の命運を左右し、寿命を管理する神）とされていたことから、その庇護を祈り、聞き入れられたということであろう。

5　死後の世界（一）——海上の冥界

鬼は生者の世界に姿を現すとき以外は死者の世界に住んでいる。それはどのような世界なのだろうか。仏教が伝来する前の古い文献から見てみよう。『論衡』訂鬼篇に引用されている『山海経《せんがいきょう》』の佚文（現在の『山海経』にはないテクスト）である。

山海経又曰、滄海之中、有度朔之山、上有大桃木、其屈蟠三千里、其枝間東北曰鬼門、万鬼所出入也。上有二神人、一曰神荼、一曰鬱壘、主閲領万鬼。悪害之鬼、執以葦索、而以食虎。於是黄帝乃作礼以時駆之、立大桃人、門戸画神荼、鬱壘与虎、懸葦索以禦。

『山海経』はさらに言う。青い海のなかに度朔《どさく》の山がある。山の上には大きな桃の木があってうねうねと三千里に枝を伸ばしている。枝のあいだの東北を鬼門といい、よろずの鬼どもが出入りする。上に二人の神人がおり、一人は神荼《しんと》、一人は鬱壘《うつりつ》といって、よろずの鬼どもの監督をつかさどる。悪さをする鬼は葦の縄でしばって虎に食わせるのである。そこで、黄帝は儀礼を作って決まった時に鬼を追いはらうこととした。大きな桃の木の人形を立て、戸口には神荼と鬱壘および虎を描き、葦の縄を掛けて鬼を防ぐのである。

死者は海上の島に住んでおり、神荼と鬱壘という二人の神人が見張りをしている。悪鬼は虎のえさにされてしまう。これに基づいて、伝説的な聖王である黄帝《こうてい》が邪気を払う行事を創始したというわけである。神荼と鬱壘の二人は現在でも門神とされ、家の戸口に一対の図像を貼って悪鬼の侵入を防ぐという風習が残っている。また、桃に霊力があるという思想もすでに表れている。

時代はかなり下るが、宋代の徐鉉《じょげん》（九一六—九九一）による小説集『稽神録《けいしんろく》』巻二には、海上の死者の国を訪れた話「青州客」が収められている。

朱梁時、青州有賈客、泛海遇風、漂至一処、遠望有山川城郭。海師曰、自頃遭風者、未嘗至此、吾聞鬼国在是、得非此耶。頃之、舟至岸。因登之、向城而去。其廬舍田畝、皆如中国。見人皆揖之、而人皆不応。已至城、有守門者、揖之、亦不応。入城、屋室人物殷富。遂至其王宮。正値大宴、群臣侍宴者数十、其衣冠器用糸竹陳設之類、多如中国。客因升殿、俯逼王座以窺之。俄而王疾、左右扶還、亟召巫者示之。巫云、有陽地使人至此、陽気逼人、故王病。其人偶来爾、無心為祟、以飲食車馬謝遣之可矣。即具酒食、設坐於別室、王及其群臣来祀祝。客拠案而食。俄有僕室馭馬而至、客亦乗馬而帰。至岸登舟、国人竟不見。復遇便風得帰。時賀徳倹為青州節度、与魏博節度楊思厚有親、因遣此客使魏、具為思厚言之。魏人范宣古親聞其事、至為余言。

五代の後梁の時代、青州《せいしゅう》（山東省）のある商人が航海の途中、大風に遭ってある場所まで漂流した。遠くに山や川や城郭が見える。船頭は「これまで風に遭ってもここまでは来たことがないが、この辺りに鬼国があると聞いている。ひょっとするとここではないでしょうか」と言う。しばらくして舟は岸に着いた。陸に上がって城郭に囲まれた街へと向かった。家屋や田畑はみな中国と同じである。人に会うたびに挨拶したが誰も挨拶を返さない。街の城門に着いたので門番に挨拶したが、また無視された。街に入ると建物も人々もにぎわって栄えている様子である。そのまま王宮までやってきた。ちょうど大きな宴会を催しており、出席している群臣は数十人、身につけている衣冠や道具、楽器や調度の類の多くは中国と同じである。商人は御殿に上り、王座の近くまで寄って王の様子をうかがった。すると王は突然具合が悪くなった。家来は王の体を支えながら部屋へ連れてゆき、すぐに巫者を呼んで診察させた。巫が言うことには、「陽地から人が来ています。陽気にやられて王様は病気になられたのです。その人はたまたまここにやって来ただけで、祟りをなすつもりはありません。飲食と車馬を用意して帰ってもらえば大丈夫です」。そこですぐに酒食を準備して別室に席を設け、王とその群臣が祈りを上げた。商人は卓について食事をした。俄に下僕が馬を連れてきたので、商人は馬に乗って帰ることにした。岸に着いて舟に乗ると、この国の人々は誰もいない。ふたたびちょうどよい風が吹いて帰ることができた。当時、賀徳倹《がとくけん》は青州の節度使で、魏博《ぎはく》（河北省）の節度使であった楊思厚《ようしこう》と親しくしていた。そこでこの商人を魏州《ぎしゅう》に遣わして、思厚にこの話を詳しく語らせた。魏州の人である范宣古《はんせんこ》は、じかにそれを聞いたので、わたしに話してくれたのである。

船が流されてたどりついた鬼国。そこは死者の国であった。しかしそこで目にするものは家屋や田畑も衣服もさまざまな道具の類もみな中国と同じである。このことは、二度繰りかえされる「如中国」という語句によって強調されている。ところが、生者は死者からは見えない。これも、挨拶する（「揖之」）が応じない（「不応」）という表現が二度見られることで、この場所の特徴であることがわかる。前節でも見たように、生者には死者が見えないという話はよくあるが、ここでは逆に死者には生者が見えないという設定となっている。

やがて鬼国の王は陽気にやられて病気になってしまい、家来たちは原因を見破った巫者（医者を兼ねる）の助言に従い、生者をもてなして送り出す。あたかも通常の死者への祭祀を死者の側が生者に対して行っているかのようである。個々の死者ではなく死者の国を構想したことによって、生者の世界が相対化されていると言えよう。この話は、人の世界に鬼が現れるように、鬼の世界に人が現れたらどうなるかという問いから出発して、既存の伝承を裏返しにして作られたものと考えられ、小説の成り立ちという観点からもおもしろい。とはいっても、この漂流を経験した商人からじかに伝えられた話であると記して、事実に基づいていることを保証しようとするところは、いかにも中国の小説である。

6　死後の世界（二）——泰山

以上のように海上の世界が構想される一方で、古くから伝えられてきたのが泰山《たいざん》（山東省）の地下にある死者の世界（冥界）であり、その主宰者は泰山府君と呼ばれている。泰山は中国の五岳の筆頭（東岳）であり、皇帝が封禅《ほうぜん》の儀を行う山としても知られる。この山が人の生死や万物の生成と関わるという記述は、漢代に遡る。後漢の応劭《おうしょう》（一五三頃—二〇〇頃）の著作『風俗通義《ふうぞくつうぎ》』巻二には「泰山には人の寿命の長さを記した金篋（金のはこ）・玉策（玉のふだ）がある」という言い伝えも見られる。

泰山地下の冥界の特徴は、生者の世界と同じ官僚制度があることだが、冥界の具体的な描写は仏教の地獄のイメージによるところが大きい。次にその一部分を引用する趙泰《ちょうたい》の話は、『古小説鉤沈』のうちの二つの小説集（『幽明録』〔ただし『太平広記《たいへいこうき》』巻一〇九が出典を『幽冥録《ゆうめいろく》』とするのを『幽明録』として収録する〕及び『冥祥記《めいしょうき》』）に収められている。テクストの細部にはかなり異同があるものの、趙泰が三十五歳のときに突然胸に痛みを感じて亡くなり、十日後に生き返って語った話であることや、冥界で水官監作使から水官都督へと昇進し、さらに地獄の管理を任されて視察を行うという流れは共通である。ここでは『幽明録』に拠って引用することにしよう。

趙泰は、亡くなるとまず二人の男に腋をかかえられて大きな城郭〔大城〕へやってくる。西門から入ると役所の建物〔官府舎〕があり、男女あわせて五・六十人がいる。趙泰は三十番目に呼ばれて役所に入ると、府君が西を向いて坐っていて、名簿と照合する〔府君西坐、断勘姓名〕。この府君が、泰山府君である。

趙泰は地獄を視察したあとに、三人の亡者が家族の信心〔喜捨・読経〕によって地獄から出るのを目撃し、三人のあとを追うと、開光大舎と書かれた門にやってくる。


往詣一門云開光大舎。有三重門、皆白壁赤柱、此三人即入門。見大殿珍宝耀日、堂前有二師子並伏、象一金玉牀、云名師子之座。見一大人、身可長丈餘、姿顔金色、項有日光、坐此牀上。沙門立侍甚衆、四座名真人菩薩。見泰山府君来作礼。泰問吏、何人。吏曰、此名仏。天上天下、度人之師。

開光大舎という門のところまでやって来た。三重の門があり、どれも白い壁に赤い柱で、その三人はすぐに門に入っていった。見れば、大きな御殿には珍しい宝物が日にかがやいている。広間の前では二頭の獅子が金玉《きんぎょく》のこしかけのように身をかがめており、名を獅子の座と言う。見れば、一人のりっぱな人物がそのこしかけに座っていた。背たけは一丈余り、顔は金色でうなじから日の光が射している。お付きの僧侶たちが大勢わきに立っていて、四つの座席におられるのは真人菩薩だということだった。泰山府君がやってきて挨拶をした。わたしが役人に「あれはどなたですか」と問うと、役人は「こちらは仏さまです。天上天下にわたって人を救ってくださるかたです」と答えた。

最初に冥界の入口で名簿と照合するのが泰山府君、御殿でうやうやしく崇められているのが仏(『冥祥記』では「世尊」)である。地位の上下は明らかであろう。仏はこのあとあたかも恩赦を与えるかのように、悪道や地獄に落ちた亡者のうち仏法を信じる者を済度する。趙泰はさらに「受変形城」の輪廻転生の部屋などを見てまわる。最後に役人が帳簿を調べてみると、まだ寿命が尽きていなかったことがわかる。

主者又召都録使者問、趙泰何故死来。使開縢検年紀之籍云、有算三十年、横為悪鬼所取、今遣還家。

責任者はさらに記録係を呼んで「趙泰はどうして死んだのだ」と尋ねた。係に文書箱を開いて寿命の帳簿を調べさせたところ、「まだ三十年残っていたのに、悪鬼に勝手に連れて来られたのであった。今から家に帰すことにしよう」ということになったのだ。

こうして趙泰は生き返るのである。寿命が尽きると冥界から鬼が迎えに来るという話はほかにも多く見られるが、ここでは、間違いだったために再びこの世に送り返されたということになっている。類話のなかには、他人を身代わりにして生き延びる、あるいは寿命を書き換えてもらうといった例もある。

冥界では、死者たちが役人となってはたらいている。死後の世界も鬼たちが階層化されてそれぞれの役割を果たす社会なのであるが、その頂点にいるのが仏である。このように趙泰の話には仏教の色彩が強く、一家はこれを機に仏教を深く信仰するようになり、寄進や読経を行って熱心に先祖の追善供養につとめたという結末となっている。

7 鬼神について——朱熹

ここまで「鬼」と「鬼神」をどちらも死者の霊魂として解釈し、場合によって「霊」「幽霊」などと訳してきた。しかし一方で、「鬼」と「神」を区別して定義することも、経書などでは古くから行われてきた。南宋の朱熹《しゅき》（朱子　一一三〇—一二〇〇）の語録である『朱子語類《しゅしごるい》』は、それまでのさまざまな説を踏まえて鬼神について考察している。朱熹の説を論じる前に、まず古い資料を見てみよう。

『周礼《しゅらい》』大宗伯《だいそうはく》篇は、「大宗伯之職掌、建邦之天神人鬼地示之礼、以佐王建保邦国」（大宗伯の職務は、国の天神・人鬼・地示の礼を制定し、それによって王が国家の基盤を安定させるのを助けることである）という。「天神」「人鬼」「地示（＝地祇）」を並列して、天・地・人それぞれに霊的存在を想定するうち、人に対応するものが鬼すなわち死者の霊とされている。「自然」対「人」としてまとめれば「天神地祇」対「人鬼」ということになる。

『礼記《らいき》』祭法《さいほう》篇では、「天」を祭ること「地」を祭ることに続いて「時」（季節）「寒暑」「日」「月」「星」「水旱」「四方」の祭りに言及したのち、「神」と「鬼」については次のように述べる。

山林川谷丘陵、能出雲為風雨見怪物皆曰神。有天下者祭百神。諸侯在其地則祭之、亡其地則不祭。大凡生於天地之間者皆曰命、其万物死皆曰折、人死曰鬼。

山林・川や谷・丘陵などで雲を起こし風や雨を生じ不思議な物を出現させるものは、すべて神という。天下を保有する者は百神を祭る。諸侯で領地を持つ者はその神を祭り、領地を失えば祭らない。およそ天地のあいだに生まれるものはすべて命といい、その万物が死ぬことはすべて折というが、人が死ぬと鬼という。

自然のさまざまな現象を引き起こすものが神であり、人が死んだものが鬼であって、両者は明確に区別されている。

同じ『礼記』の祭義《さいぎ》篇では、「天下の礼」の五つの目的の一つに「致鬼神」（鬼神を招き寄せること）を挙げたのち、孔子と弟子の宰我《さいが》との問答を引いて次のように言う。

宰我曰、吾聞鬼神之名、不知其所謂。子曰、気也者、神之盛也。魄也者、鬼之盛也。合鬼与神、教之至也。衆生必死、死必帰土、此之謂鬼。骨肉斃于下、陰為野土。其気発揚于上、為昭明焄蒿悽愴、此百物之精也、神之著也。［…］

宰我が言った。「わたしは鬼神という言葉は聞いていますが、それが何を指すのか知りません」。孔子が答えた。「気というのは神の盛んなものであり、魄というのは鬼の盛んなものである。鬼と神を合わせて祭るのが至上の教えである。人間は必ず死ぬものであり、死ねば必ず土に帰る。それを鬼と言うのだ。肉体は地下で朽ち、埋もれて野の土となる。一方、その気は上へと昇っていき、輝き、香しさ、悲しみとなる。これらは万物の精髄であり、神の顕著なものである。〔…〕」。

祭法篇とはちがって、ここでは人が死んだあと鬼と神とに分かれる。鬼は地へと帰り、神は天に昇るが、鬼と神とは合わせて祭るという。鬼と神とが区別されると同時に結びつけられている。「気が神の盛、魄が鬼の盛」という箇所は難解であり、魄が気と対となって登場しているが、一般には魄と対となるのは魂である。『礼記』郊特牲《こうとくせい》篇にも「魂気帰于天、形魄帰于地、故祭求諸陰陽之義也」（魂である気は天に帰り、形である魄は地に帰る。だから祭るというのは陰と陽（地と天）に対し魂魄を求めることである）とある。そのうえで魂には神、魄には鬼を対応させている。

このように、同じ書物のなかでも鬼と神とのとらえ方は一様ではない。人の死後の存在を鬼とし、それ以外の自然神を神とすることもあれば（祭法篇）、人の死後の存在を鬼と神とに分ける考え方もある（祭義篇）。もともとはっきりと目に見えるものではない霊的存在についての観念であるから、理路整然と論じることは難しいのである。郊特牲篇も合わせてまとめるなら、神・気・魂が同類で天に帰るもの（陽）、鬼・形・魄が同類で地に帰るもの（陰）ということになる。
先に引用した王充『論衡』論死篇でも、次のように、鬼神は陰陽の気であるという説を紹介している。

朽則消亡、荒忽不見、故謂之鬼神。人見鬼神之形、故非死人之精也。何則、鬼神、荒忽不見之名也。人死精神升天、骸骨帰土、故謂之鬼神。鬼者、帰也。神者、荒忽無形者也。或説、鬼神陰陽之名也。陰気逆物而帰、故謂之鬼、陽気導物而生、故謂之神。神者、伸也、申復無已、終而復始。人用神気生、其死復帰神気。陰陽称鬼神、人死亦称鬼神。気之生人、猶水之為氷也。水凝為氷、気凝為人。氷釈為水、人死復神。其名為神也、猶氷釈更名水也。人見名異、則謂有知、能為形而害人、無拠以論之也。

肉体が朽ちれば姿形は無くなっていき、輪郭を失って見えなくなる。だからこれを鬼神というのである。人が鬼神の姿形を見たというのは、もとより死人の精神ではない。なぜなら、鬼神とは輪郭がなくて見えないものの名であるからだ。人は死ぬと精神が天に昇り、骸骨は土に帰る。だからそれを鬼神というのである。鬼《き》とは帰《き》（かえる）ということであり、神とはぼんやりして形がないものである。ある人の説では、鬼神は陰陽の別名で、陰気は万物〔の動き〕に逆らって帰ろうとするのでそれを鬼と呼び、陽気は万物〔の動き〕を導いて生かすのでそれを神と呼ぶという。神《しん》とは伸《しん》（のびる）である。〔陰陽の気は〕伸びたり帰ったりして動きをやめることなく、終わればまた始まる。人は神気によって生き、死ぬとまた神気に帰る。〔この〕陰陽〔の気〕を鬼神と称し、人の死も鬼神と称する。気が人を生ずるのは水が氷になるようなものだ。水は凝固すると氷になり、気が凝固すると人になる。氷が溶けると水となり、人が死ぬと神に帰る。神と名づけるのは、氷が溶けると水と名が変わるのと同じである。名が異なるからといって、〔恐ろしいもので〕知覚があり姿形を現して人を傷つけると論じることには根拠がない。

ここでの鬼と神は、いずれも人の死後のあり方である。この箇所では、王充は鬼神の存在をただちに否定するのではなく、鬼神という言葉が指示するのは形がなく見えないものであるから、それが見えるはずはないと言う。「鬼」「神」「鬼神」の区別には微妙に揺れがあるが、結局のところ、神は陽気へ、鬼は陰気へと還元されるようである。以上を念頭に置きつつ時代を下って、いよいよ『朱子語類』に入ろう。

『朱子語類』の鬼神篇は、『論語』以来の経書その他の記述を踏まえ、「魂魄」「屈伸」に言及しながら、鬼神を陰陽二気の運動によって説明する（以下、鬼神篇からの引用のあとの括弧内の数字はこの篇における通し番号）。

鬼神不過陰陽消長而已。亭毒化育、風雨晦冥、皆是。在人則精是魄、魄者鬼之盛也。気是魂、魂者神之盛也。精気聚而為物、何物而無鬼神。遊魂為変、魂遊則魄之降可知。（六）

鬼神は陰陽の消長に過ぎない。万物を生成し育成するのも風雨で辺りが暗くなるのもみな鬼神の作用である。人について言えば、精が魄で、魄は鬼の盛んなものであり、気が魂で、魂は神の盛んなものである。精と気が集まって物になるのだから、どんなものでも鬼神でないものはない。『易』の繫辞伝で「遊魂変を為す」というのは魂が浮遊するということだから、魄は下降することがわかる。

『礼記』祭義篇にあった「気也者、神之盛也。魄也者、鬼之盛也」の「気」が「魂」であると言い換えられたうえで継承されていることがわかる。

鬼神只是気。屈伸往来者、気也。天地間無非気。人之気与天地之気常相接、無間断、人自不見。人心才動、必達於気、便与這屈伸往来者相感通。如卜筮之類、皆是心自有此物、只説你心上事、才動必応也。（七）

鬼神は気にほかならない。伸びたり縮んだり行ったり来たりするのが気である。天地のあいだに気でないものはない。人の気と天地の気は常に触れあっていて隙間はないのだが、人はそれに気づいていないのだ。人の心が少しでも動けば必ず気に届き、すぐにこの伸びたり縮んだり行ったり来たりする〔天地の〕気と感通する。占いの類などは、どれも心にもともと鬼神（＝気）があるので、心に浮かぶことを言っているにすぎない。心が少しでも動けば必ず反応があるのだ。

朱子は鬼神を自然界にあまねく見られる気の運動としてとらえている。ここまで鬼神の含意が広がると、もはや上述した小説に現れた幽霊とは別の概念のようにも思われる。しかし、それを鬼神と呼ぶかぎり、やはり重点は人間の生死の問題に置かれることになる。人が死ぬと気は「散ずる」のか「無くなる」のかという問いに、朱熹は「若説無、便是索性無了。惟其可以感格得来、故只説得散。要之、散也是無了」（三十九）（無いというなら、きっぱり無いのである。ただ〔子孫の祭祀に〕感応してやってくるので散ずると言うだけだ。要するに、散ずるとは言っても無くなるのである）と歯切れの悪い答えをしている。死ぬと気が散ずるのが普通であるのだが、不本意な死に方をした人のなかには、気が散ずることなく鬼（＝幽霊）となる者もあるとも述べている（四十、四十一）。しかし、もしも死後に気が散じて無くなってしまうのであれば、祖先の祭祀を行う根拠が揺るがされかねない（六十八）。

問。人之死也、不知魂魄便散否。曰、固是散。又問、子孫祭祀、却有感格者如何。曰、畢竟子孫是祖先之気。他気雖散、他根却在這裏、尽其誠敬、則亦能呼召得他気聚在此。如水波様、後水非前水、後波非前波、然却通只是一水波。子孫之気与祖考之気、亦是如此。他那箇当下自散了、然他根却在這裏。根既在此、又却能引聚得他那気在此。此事難説、只要人自看得。（五十七）

問い。人は死ぬと魂魄は散じるのでしょうか。答え。もちろん散じる。次の問い。子孫が祭祀を行うとそれに感じて格《いた》ることがあるというのはどういうことですか。答え。結局のところ子孫とは祖先の気なのである。祖先の気が散じてしまってもその根っこはここに残っているので、まごころを尽くすと祖先の気を呼び寄せてここに集めることができるのだ。水や波に喩えれば、後から流れて来る水は前の水ではないし、後から起こる波は前の波ではないとはいえ、広い意味では一つの水であり波であるのだ。子孫の気と祖先の気もこれと同じである。祖先の気はすぐさま散じてしまうが、そうだとしてもその根っこはここにある。根っこがここにあるかぎり、その気をここに引き寄せて集めることができるのだ。このことは説明が難しく、各自が自分で理解するしかない。

自然に存在する陰陽二気へと解消できないのが、祖先という死者たちである。祖先と子孫とのあいだには生死を超えて同じ気が存在して感応しあうことを、朱子は祭祀を行う根拠としている。しかし、祖先ではないものを祭っている場合にはどうなるのだろうか。朱子は「如天子則祭天、是其当祭、亦有気類、烏得而不来歆乎。諸侯祭社稷、故今祭社亦是従気類而祭、烏得而不来歆乎。今祭孔子必於学、其気類亦可想」（七十四）（たとえば天子が天を祭るのはまさしく祭るべきである。気が同類なのだからどうしてやってきて受け取らないことがあろう。諸侯は社稷を祭ったので、いま社をまつるのも気が同類だから祭るのである。どうしてやってきて受け取らないことがあろう。いま孔子を祭るのが必ず学校であるのもその気が同類だからだと考えられる）と、祭る範囲を同類の気を有するものへと広げる。

そしてさらに、同類ではないものを祭っている廟についての質問にも答えている。

〔…〕問。祭先賢先聖如何。曰、有功徳在人、人自当報之。古人祀五帝、只是如此。後世有箇新生底神道、縁衆人心都向它、它便盛。如狄仁傑只留呉太伯伍子胥廟、壊了許多廟、其鬼亦不能為害、縁是它見得無這物事了。〔…〕。

〔…〕問い。昔の賢人や聖人を祭るのはどういうわけでしょうか。答え。人の世に功績や徳行をもたらした者に対して、人々は当然報いなければならない。昔の人が五帝を祭ったのもそういうことだ。後世に新しく生まれた神への信仰は、多くの人の心がそれに向かったために盛んになったのだ。〔唐の〕狄仁傑《てきじんけつ》が呉太伯《ごたいはく》と伍子胥《ごししょ》の廟のみを残して多くの廟を壊したときに、それらの鬼は祟りをなすことはできなかった。してみれば、狄仁傑はそのようなこ

とはないとわかっていたのである。[…]（七十七）

各地で神として祭られている人物やその廟が、時間が経つとともに忘れられ、廟が荒れ果てることも、朱熹は気が散じていく自然の過程であると認めている（七八）。以上のように、朱熹は鬼神を陰陽の気として自然現象に還元しようとする一方で、何とか祖先祭祀の意義を損なわないようにするため、苦慮しているのである。

8 冤罪を訴える鬼――元の戯曲「感天動地竇娥冤」

朱子によれば、生きているとき凝集していた気は、死の瞬間から徐々に散じてゆくのが普通である。しかし刑死した者や急死した者の場合にはしばらくの間は散じない。冤罪で死ぬなど、自らの理不尽な死を受け入れられない死者も、気が散じない例として言及されている（四十四）。

朱子の指摘を待つまでもなく、冤罪で命を落とした人の怨みがこの世に残り、生者たちに災厄をもたらすのではないかという不安は、容易に生じたであろう。実際、そのような記述は古くから見られ、『春秋左氏伝《しゅんじゅうさしでん》』昭公・伝七年には、「匹夫匹婦強死、其魂魄猶能馮依於人、以為淫厲」（身分の低い男女であっても非業の死を遂げると、その魂魄は死後も人に取りつく力を持ち、祟りを為すのだ）と述べられている。ましてや、伯有《はくゆう》は「三世執其政柄、其用物也弘矣、其取精也多矣、其族又大、所馮厚矣、而強死、能為鬼、不亦宜乎」（三代にわたって政治を執っていたので、使った物も多く、すぐれたものを手に入れることも多かっただろう。大きな一族でもあるので取りつく力も強いだろう。したがって、非業の死を遂げるなら鬼となるのももっともではないか）。この伯有（春秋時代鄭の大夫だった良霄《りょうしょう》の字《あざな》）の例は、本来はすぐに散ずるはずの気が散じない例外として、朱子も言及している。こうした冤罪者の鬼について、まずは再び六朝時代の小説のなかから、晋の干宝《かんぽう》の『捜神記《そうじんき》』の記事を見てみよう。

晋元帝建武元年六月、揚州大旱。十二月、河東地震。去年十二月、斬督運令史淳于伯、血逆流、上柱二丈三尺、旋復下流四尺五寸。是時淳于伯冤死、遂頻旱三年。刑罰妄加、羣陰不附、則陽気勝之。罰又冤気之応也。

晋の元帝の建武元年六月に、揚州はひどい日照りに見舞われた。十二月には河東で地震があった。その前の年の十二月に督運令史の淳于伯《じゅんうはく》を打ち首にしたところ、血が逆流して柱を二丈三尺上ると向きを変えて今度は四尺五寸下って流れた。このとき淳于伯は冤罪で死んだのであったが、それから三年のあいだ何度も日照りが起こった。いわれのない刑罰に処せられたために、陰気が群がり付かずに陽気が勝ったのだ。〔日照りや地震という〕罰も無実の罪で死んだうらみによってもたらされたのである。

（『捜神記』巻七）

冤罪によって無念の死を遂げた者は、陰気に包まれて安らかに地に帰ることができず、天変地異を引き起こすなどの異常な力を行使すると考えられた。この淳于伯の場合は、おそらくあとになって「冤死」であったことが明らかになったのだろうが、死者のうちには冤罪であったと判明しない者も多かっただろう。そのような死者たちのたましいは、この世へのうらみと未練を抱いてさまよい続けることになる。

その一例として、元代に盛んになった戯曲（元雑劇《げんざつげき》あるいは元曲《げんきょく》と呼ばれる）のなかから、冤罪で死んだ女性の幽霊が登場する作品を紹介したい。タイトルは「感天動地竇《とう》娥《が》冤《えん》」。「感天動地」は天地を感動させる、「竇娥冤」は竇娥（女性の名）のうらみという意味で、「竇娥冤」と通称される劇である。

元雑劇には四つの場（第一折から第四折）で構成するというルールがある。ただし、楔子《せっし》という補助的な場を加えることもでき、「竇娥冤」も冒頭に楔子がある。主要な登場人物は竇天章《とうてんしょう》と竇端雲《たんうん》（のち名を娥に改める）の父娘《おやこ》、金貸しの蔡《さい》婆さん、やぶ医者（薬屋でもある）の賽盧医《さいろい》、農民の張《ちょう》爺さん、その息子の張驢児《ろじ》である。あらすじは次のとおり。

妻に先立たれた貧乏書生の竇天章は、金貸しの蔡婆さんに借金の返済ができず、代わりに娘を蔡婆さんの息子の嫁に差し出すよう迫られ、七歳の端雲を蔡婆さんに託して科挙受験のために旅立つ

（楔子）。

その十三年後。竇端雲は竇娥と名を改め、十七歳で婚礼を挙げたがまもなく夫がなくなって蔡婆さんと二人暮らし（現在二十歳）。蔡婆さんは賽盧医に借金の取り立てに行って殺されそうになり、張父子《おやこ》に助けられる。父子はそのお礼に自分たちを蔡婆と竇娥の婿にしろといっておしかけてくる（第一折）。

張驢児は、竇娥がなかなか一緒になってくれないので蔡婆をなき者にすることを思いつき、賽盧医の薬屋で毒薬を買う。竇娥に蔡婆のためにスープを作らせ、途中で張驢児が毒を入れるが、それを張爺さんが飲んで死んでしまう。張驢児は竇娥に、自分の女房にならなければ殺人者としてお上に訴えると脅し、竇娥は訴えられるほうを選ぶ。役所の取り調べでは無実を訴えるが、拷問が蔡婆にまで及びそうになるや自白をし、殺人罪で死刑判決を受ける（第二折）。

竇娥は処刑される前に、自分が無実であれば、首を切られたときに血が地面に一滴も落ちずに旗《はた》竿《ざお》に吊した白絹を染めるだろう、真夏だが雪が屍《しかばね》を覆うだろう、三年間旱魃《かんばつ》が続くだろう、と予言し、最初の二つは言葉どおりになる（第三折）。

第四折はそれからさらに三年後。楔子のあと登場することのなかった竇天章は、一度で科挙に合格し、今は裁判が公正に行われているかどうか監督する役職に就いている。ある夜、過去の事件の書類を点検していると娘の一件の報告書に行きあたるが、竇娥と名が変わっているために気がつかない。すると急に眠くなり、うたたねの夢に端雲の亡霊が現れるがすぐ消えてしまって目が醒める。

再び書類に目を通し始めると燈火が暗くなる（以下、ト書きの「旦」は女役を指す。ここでは竇娥である）。

（魂旦再弄燈科、竇天章云）怎麽這燈又是半明半闇的、我再剔這燈咱。（做剔燈、魂旦再翻文巻科、竇天章云）我剔的這燈明了、我另拿一宗文巻看咱。一起犯人竇娥薬死公公。呸、好是奇怪。我纔将這文書分明圧在底下、剛剔了這燈、怎生又翻在面上。莫不是楚州後庁裏有鬼麽。便無鬼呵、這椿事必有冤枉。将這文巻再圧在底下、待我另看一宗、如何。（魂旦又弄燈科、竇天章云）怎生這燈又不明了。敢有鬼弄這燈。我再剔一剔去。（做剔燈科、魂旦上、做撞見科、竇天章挙剣撃桌科、云）呸、我説有鬼。兀那鬼魂、老夫是朝廷欽差帯牌走馬粛政廉訪使、你向前来、一剣揮之両段。張千、虧你也睡的着、快起来、有鬼有鬼。兀的不嚇殺老夫也。

（竇娥の幽霊、再び燈火をいたずらするしぐさ。竇天章いう）またもや燈《ともしび》が明るくなったり暗くなったりするのはどうしたことか。もう一度灯心をかき立てよう。（灯心をかき立てるしぐさをする。竇娥の幽霊、再び書類の順序を変えるしぐさ。竇天章いう）さあ、明るくなったから別の書類を読もう。「犯人竇娥による老人薬殺事件」。おや、おかしいな。この書類はさっき確かに下に置いたのに、灯心をかき立てたら、なぜかまた上に置かれているぞ。ひょっとするとこの楚州の官舎には幽霊でもいるのだろうか。幽霊はいないとしても、この一件にはきっと不当なところがあるにちがいない。この書類をもう一度下に置いて別の事件を読んでみるとしよう。（竇娥の幽霊、再び燈火をいたずらするしぐさ。竇天章いう）どうして燈がまた暗くなったのだろう。きっと幽霊がいたずらしているな。もう一度かき立ててみよう。（灯心をかき立てるしぐさをする。竇娥の幽霊、登場してばったり顔を合わせるしぐさ。竇天章、剣を振り上げて机を打つしぐさをしていう）ややっ、思ったとおり幽霊だな。この幽霊め、わしは朝廷から遣わされて金牌を帯びて巡察する粛政廉訪使であるぞ。向かってくれば一刀両断にしてくれよう。張千、寝ている場合ではないぞ。早く起きろ。幽霊じゃ幽霊じゃ、まったく恐ろしいことよ。

このあと幽霊は父に自分は娘の竇娥であると名のり、名前を改めたこと、無実の罪で死刑になった次第、処刑の直前に立てた三つの誓いについて、つぶさに語る。父は娘を憐れみ、夜が明けるとすぐに、取り調べのやり直しをするために張驢児・賽盧医・蔡婆さんを召喚する。すでに竇娥から事件の真相を聞いている竇天章は、張驢児に毒薬を調合したのはおまえだろうと問いただすが、張はシラを切ろうとする。

（竇天章云）我那屈死的児嘜、這一節是緊要公案、你不自来折辯、怎得一個明白、你如今冤魂却在那裏。（魂旦上、云）張驢児、這薬不是你合的、是那個合的。（張驢児做怕科、云）有鬼有鬼、撮塩入水、太上老君、急急如律令、勅。（魂旦云）張驢児、你当日下毒薬在羊賭児湯裏、本意薬死俺婆婆、要逼勒我做渾家。不想俺婆婆不吃、譲与你父親吃、被薬死了、你今日還敢頼哩。

（竇天章いう）ぬれぎぬを着て死んだ娘や、これは重要な事件だが、おまえ自身が証言してくれなければ真実が明らかにならないのじゃ。うらみを呑んだおまえの魂は今どこにいるのか。（竇娥の幽霊が登場していう）張驢児、この薬をおまえが調合しなかったというなら誰が調合したと言うのか。（張驢児こわがるしぐさでいう）幽霊だ幽霊だ、塩をつまんで水に入れよう。太上老君さまお助けください、急急如律令、勅〔まじないの決まり文句〕。（竇娥の幽霊いう）張驢児、おまえはあの日、羊の臓物スープに毒薬を入れてお義母《かあ》さんを殺し、わたしを無理やり女房にするつもりだったのが、あろうことかお義母さんは食べずにおまえの親爺さんに譲ったために、親爺さんが毒にあたって死んだのです。まだ知らないふりができると思うのか。

竇天章は、順に賽盧医と蔡婆さんも取り調べて娘の無実を確信し、次のように言う。

（竇天章云）端雲児也、你這冤枉、我已尽知、你且回去。待我将這一起人犯幷原問官吏、另行定罪、改日做個水陸道場、超度你生天便了。

（竇天章いう）わが子端雲よ、おまえが冤罪であったことはよくわかったぞ。ひとまず帰るがよい。わしが本件の犯人や原審の役人たちに処罰を行ったうえで日を改めて法要を営み、おまえを済度して成仏させてやるぞ。

こうして娘には浄土に生まれ変われるよう供養することを約束し、真犯人である張驢児には死刑、賽盧医には無期労役の判決を下すのである。

戯曲は白話《はくわ》すなわち口語で書かれていて、白話小説とともに俗文学や通俗文学と呼ばれることもある。上演され、また書物として読まれて、多くの人々に享受された。上演は多くの場合、神仏や死者に対する祭祀にともなうかたちで行われた。この作品は、人は死後どうなるのか、特に不当な死を迎えた死者のたましいはどうなるのか、そのたましいを救うことはできるのか、という問いへの一つの答えであるとともに、同じような冤罪による死者への鎮魂の劇であると考えられる。

鬼（死者のたましい）はまず夢のなかに、それから現実世界の夜に、そして最後には昼に姿を現している。人は恐怖におののくと同時に、鬼の出現に何らかの意味を探らざるをえない。その意味が結局鬼から教えられるしかないことは、人間の能力の限界を強く感じさせる。人知は不完全であり、現実に起きている事件の真相はなかなか明らかにならない。そのとき、鬼は、人ならぬものであるがゆえに人知を超えた真実を知るものとして現れるのである。しかし、この作品では結局のところ生と死の境界は明確に分かたれており、生者は死者を供養することはできても死者は決して生き返ることはない。

9　柩《ひつぎ》のなかへと人を引き込む鬼

——明代小説『剪燈新話』より「牡丹燈記」

前節の「賓娥冤」では、父親の前に娘の亡霊が現れた。次に紹介するのは、若者の前に現れる美しい女の幽霊であり、逢瀬を重ねたのちに恋人をあの世へ連れ去ってしまう。明代の文言《ぶんげん》小説集『剪燈新話《せんとうしんわ》』所収の「牡丹燈記《ぼたんとうき》」、すなわち日本で「牡丹燈籠《ぼたんどうろう》」として知られる物語の原話である。

舞台は元末の明州《めいしゅう》（浙江省寧波）。妻を亡くしたばかりの喬《きょう》生は、元宵節《げんしょうせつ》（一月十五日）の夜に、牡丹が描かれた燈籠をもった美人符麗卿《ふれいけい》と侍女金蓮《きんれん》に会い、家に連れ帰って麗卿といい仲になる。

如是者将半月、隣翁疑焉、穴壁窺之、則見一粉髑髏与生並坐于燈火、大駭。明旦、詰之、秘不肯言。隣翁曰、嘻、子禍矣。人乃至盛之純陽、鬼乃幽陰之邪穢。今子与幽陰之魅同処而不知、邪穢之物共宿而不悟、一旦真元耗尽、災眚来臨、惜乎以青春之年、而遂為黄壌之客也。可不悲夫。生始驚惧、備述厥由。隣翁曰、彼言僑居湖西、当往物色之、則可知矣。

このようにして半月ほどたったとき、隣の家のじいさんが疑わしく思って壁の穴からのぞいて見ると、燈火のもとに化粧をした髑髏《どくろ》が喬生と一緒にすわっているのでびっくり仰天。翌朝、問いただしたが喬生は秘密を守って話そうとしない。じいさんが、「やれやれ、えらいことになりましたな。人は純粋な陽気の最も盛んなものであり、鬼はあの世の陰気にけがれたものなのじゃ。今おぬしは、あの世の化け物と一緒にいても気づかず、けがれたものと枕を共にしても感づかない。ひとたび元気がつきてしまったら災厄に見舞われて、あたら青春の年にして冥土を訪れることになるであろう。なんと悲しいことよ」と言うと、喬生はやっと気づいて恐ろしくなり、詳しく事の次第を述べた。じいさんは、「女が湖西に仮住まいしていると言ったのなら、行って探してみるがよい。そうすればわかるじゃろう」。

喬生は家のあたり（湖西）に行ってみるが、麗卿らしき人は住んでいない。そこで湖心寺で一休みすると、柩《ひつぎ》が置いてあり、符麗卿の柩と書いてある。そばには婢《はしため》の姿の人形があり、その背中には金蓮と書いてある。こわくなった喬生は家に帰り、隣りのじいさんに相談すると、玄妙観の魏法師のおふだがよく効くと教えてくれる。魏法師を訪ねておふだをもらって指定された場所に掛けると、女は来なくなった。

さて、それから一月あまりして喬生が湖心寺のそばを通りかかると、金蓮が現れて喬生の仕打ちを責める。一緒に寺に入ると麗卿がいて恨み言をいい、喬生を柩のほうへ連れてゆく。すると柩のふたが自然に開き、二人が中に入ると閉まって、喬生は柩のなかで死んでしまった。

隣りのじいさんは喬生が帰ってこないので、探しまわり、湖心寺にやってきて柩を見ると、中から喬生の衣のすそがはみ出している。僧侶に頼んで柩を開けてもらうと二人は重なりあって死んでいたが、女の顔は生きているかのよう。僧侶が言うには、柩は奉化州判の符君の息女のもので、亡くなったときは十七歳、一家はこの寺に柩を預けて引っ越してしまい、そのまま音信が絶えてすでに十二年になるとのことであった。

二人は墓に葬られるが、その後喬生と麗卿・金蓮の幽霊が現れるようになり、見たものはみな重い病気になった。

居人大惧、竟往玄妙観謁魏法師而訴焉。法師曰、吾之符籙、止能治其未然、今祟成矣、非吾之所知也。聞有鉄冠道人者、居四明山頂、考劾鬼神、法術霊験、汝輩宜往求之。

人々はとても心配になって玄妙観に行き、魏法師に会って何とかしてくれるように頼んだ。法師は「わしのおふだは事を未然に防ぐことができるだけのもので、すでに祟りが起こってしまうとわしにはどうしようもない。聞くところによると鉄冠道人という者が四明山の頂上に住んでいて鬼神の裁きを行い、法術の効力はすぐれたものだという。このお方を訪ねてゆくがよい」と言った。

鉄冠道人は山を降り、湖心寺で法術によって喬生・符麗卿・金蓮をあの世から呼び寄せて供述させ、「巨筆」（大きな筆）で「判詞」（判決文）を書いて三人に罰を下す。

符麗卿はきちんと葬られることも供養されることもなく、柩に収められたまま十二年も放置されていたわけだが、この話にはそのような孤独なたましいを憐れんだり同情したりする場面はない。魏法師のおふだ、鉄冠道人の判決文という文字の力によって鬼神は罰せられるのみである。この二人はともに道士であり、道教が悪鬼を退けたり罰したりする役割を引き受けていたことが見てとれる。

10　生き返る鬼——明の戯曲『牡丹亭還魂記』

次に明代の戯曲のなかから、今度は恋しい人と一緒になるためにあの世から生き返る鬼を紹介しよう。先に説明した元雑劇とは異なり、明代には場の数に制限のない長大な戯曲が盛んになった。物語も複雑になり、通しではなく名場面を選んで上演されることも多かった。その代表とされる湯《とう》顕祖《けんそ》（一五五〇——一六一六）の『牡丹亭還魂記《ぼたんていかんこんき》』（全五十五齣《せき》）は、現在でも崑劇の演目『牡丹亭』として有名である。あらすじは次のとおりである。

物語の舞台は南宋。広州に住む不遇な若者柳春卿《りゅうしゅんけい》は、ある日梅の樹の下に立つ美人を夢見て柳夢梅《りゅうむばい》と名を改める。一方、南安太守杜宝《とほう》の一人娘杜麗娘《とれいじょう》は屋敷の庭をそぞろ歩いたあと部屋でうたたねをして、その庭で柳を手にした見知らぬ若者と会う夢を見る。杜麗娘は夢のなかで契りを交わした若者（実在するかどうかもわからない）を恋して病の床に就き、自らの肖像画を書き残してこの世を去る。両親は屋敷の庭に娘を葬り、梅花観という祠を建てるが、すぐに別の土地へ赴任することになる。

それから三年、柳夢梅は科挙受験のため、都臨安に向かう途中、南安で病気になり梅花観に滞在して快復を待つ。ある時、庭を散歩していた柳夢梅は杜麗娘の残した肖像画を拾って部屋で愛玩するようになる。すると、夜な夜な美人が柳夢梅のもとに通ってくる。美人は若者の姓が柳であると知ると、自分が肖像画の主であると告げ、墓を暴いて生き返らせてほしいと頼む。

柳夢梅はその願いをかなえて二人はともに都へ向かう。その後夢梅は、科挙を受けて状元及第し、杜宝に麗娘の再生を信じてもらえず墓泥棒として訴えられるなどの一波瀾はあるものの、最後には二人はめでたく結婚する。

杜麗娘は夢で出会っただけの柳夢梅を恋して命を落とし、幽霊となって夢梅を探しあてて生き返って一緒になる。一途な思いによって恋愛と結婚が成就するわけだが、実は麗娘が再生するにあたっても、冥界での裁判が関わっている。第二十三齣「冥判」の場面で、第十地獄の閻羅王配下の判官が、枉死城《おうし》（非業の死を遂げた亡者が拘禁されている場所）の軽罪の男たち四人に引き続き、杜麗娘を取り調べるのである。男たちはそれぞれ鳥や虫などの小動物に転生させられる。最後に杜麗娘が連れて来られると、判官は「這女鬼到有幾分顔色」（この女亡者はなかなかの器量よしじゃ）と傍白を言い、死に至った経緯を尋ねる。括弧のなかの「旦」は女性の主役でここでは杜麗娘、「浄」は脇役の一種でここでは判官である。

（旦）女囚不曾過人家、也不曾飲酒、是這般顔色。則為在南安府後花園梅樹之下、夢見一秀才、折柳一枝、要奴題詠。留連婉転、甚是多情。夢醒来沈吟、題詩一首、他年若傍蟾宮客、不是梅辺是柳辺。為此感傷、壊了一命。（浄）謊也。世有一夢而亡之理。

（杜麗娘）わたくしは嫁入りしたこともございませんし、お酒を飲んだこともございません。このような器量ですが、南安府の後花園の梅の樹の下で、夢に一人の書生さんに出会っただけです。そのお方は柳の枝を折ってわたくしに詩を作るようにおっしゃいました。それからそのお方のことばかり慕わしく思いつづけて、寝ても覚めても忘れることができず、「他年もし蟾宮《せんきゅう》の客〔進士の試験の合格者〕に傍《そ》わば、是《こ》れ梅辺ならずんば是れ柳辺」という詩を作りました。このような感傷のために一命を落としたのです。（判官）でたらめを言ってはいかん。一度の夢で死ぬ者がどこにある。

杜麗娘は自分にどうしてこのようなことが起こったのかを判官に問い、判官は手元の帳簿を調べて答える。

（旦）就煩恩官替女犯査査、怎生有此傷感之事。（浄）這事情註在断腸簿上。（旦）労再査女犯的丈夫、還是姓柳姓梅。（浄）取婚姻簿査来。（作背査介）是。有箇柳夢梅、乃新科状元也。妻杜麗娘、前係幽歓、後成明配。相会在紅梅観中。不可泄漏。（回介）有此人和你姻縁之分。我今放你出了枉死城、随風游戯、跟尋此人。

（杜麗娘）判官さまにお調べ願いたいのですが、わたくしにどうして、こうした感傷のことが起こったのでしょう。（判官）それについては断腸簿に記してある。（杜麗娘）もう一つお調べいただきたいのは、わたくしの夫たるべき人の姓は柳あるいは梅ではありませんか。（判官）婚姻簿を調べてみよう。（背を向けてしらべるしぐさ）うむ、あった。柳夢梅、今度の科挙の状元じゃ。妻杜麗娘はまずはあの世にありて逢瀬を遂げ、のちにこの世にて婚姻を成す。出会いは紅梅観の中にあり。漏らすべからず。（振り向くしぐさ）その男はおぬしと結婚する定めになっておる。ただ今よりおぬしを枉死城から放免してつかわすによって、風のまにまにただよい、その男を尋ねてゆくがよい。

こうして冥界から釈放された杜麗娘のたましいが、なつかしい南安府後花園へと帰ってゆき、柳夢梅が泊まっている部屋を訪れることは、あらすじに記したとおりである。第三十二齣「冥誓」で、ついに自分が亡霊であることを告白する場面を見てみよう。括弧のなかの「生」は男性の主役でここでは柳夢梅である。なお、中国の古典劇は歌唱をともなう音楽劇であり、この場面では杜麗娘はうた、柳夢梅はせりふという形式で対話している。

（旦）秀才、這春容得従何処。（生）太湖石縫裏。（旦）比奴家容貌争多。（生看驚介）可怎生一箇粉撲児。（旦）可知道、奴家便是画中人也。（生合掌謝画介）小生焼的香到哩。姐姐、你好歹表白一些児。

【啄木犯】（旦）柳衙内聴根節。杜南安原是俺親爹。

（生）呀、前任杜老先生陞任揚州、怎麼丟下小姐。（旦）你剪了燈。（生剪燈介）

（旦）剪了燈、餘話堪明滅。

（生）且請問芳名、青春多少。

（旦）杜麗娘小字有庚帖、年華二八、正是婚時節。

（生）是麗娘小姐、俺的人那。（旦）衙内、奴家還未是人。（生）不是人、是鬼。（旦）是鬼也。

（生驚介）怕也、怕也。

（旦）靠辺些、聴俺消詳説。話在前教伊休害怯、俺雖則是小鬼頭人半截。

（生）姐姐、因何得回陽世而会小生。


（杜麗娘）書生さん、この絵姿はどこで手に入れられました。（柳夢梅）太湖石の隙間にあったのです。（杜麗娘）わたくしと比べてどちらが美人でしょう。（柳夢梅見てびっくりするしぐさをして）これはまったく同じだ。（杜麗娘）おわかりでしょう。わたくしがこの絵の中の人物なのです。（柳夢梅、合掌して絵に向かって感謝するしぐさをして）わたしが香を焚いて誓いを立てた甲斐がありました。お嬢さま、どうか少しわけをお聞かせください。

（杜麗娘「啄木犯」のメロディでうたう）柳さま、家柄は、杜南安こそわが父ぞ。

（柳夢梅）ややっ、前任の杜太守は揚州にご栄転のはず、なぜお嬢さまを置いて行かれたのだろう。（杜麗娘）灯心を切ってください。（柳夢梅灯心を切るしぐさ）

（杜麗娘うたう）灯心切らば残りの話明らかに。

（柳夢梅）お名前は何とおっしゃいます。お年はおいくつ。

（杜麗娘うたう）杜麗娘がわが名、庚帖《こうちょう》〔生年月日時を干支で記した書き付け。占いや縁談のときに用いる〕もあり、年は十六、折しも結婚のとき。

（柳夢梅）麗娘さまとおっしゃるのですね。いとしい人。（杜麗娘）柳さま、わたくしはまだ人ではないのです。（柳夢梅）人でないとは、幽霊だとでも。（杜麗娘）幽霊なのです。（柳夢梅、驚くしぐさで）おそろしい、おそろしい。

（杜麗娘うたう）すこし退き、われつぶさに語るを聴きたまえ。話せばおそれは消ゆるべし、われ幽霊なりといえども半ばは人なり。

（柳夢梅）お嬢さん、どうしてこの世にもどってきてわたくしと会うことができるのですか。

こうして杜麗娘は自らの正体を明かし、墓を開いて生き返らせてくれるように頼む。柳夢梅は梅花観を守っている道姑《どうこ》（女性の道士）に相談し、道姑は蘇生薬を準備して杜麗娘の再生に立ち会う。「牡丹燈記」の符麗卿が道士の法術によって永遠に地獄につながれたのとは対照的に、杜麗娘はやすやすと幽明の境を超えて恋を成就させるのである。しかし、その運命がある種の裁きによって決定されている点は両者に共通する。杜麗娘のたましいも最初から自由であったわけではなく、引用箇所の一人称が「女囚」や「女犯」であったことからわかるように、三年のあいだ牢獄につながれて判決を待っていたのである。

11　近代の鬼——過渡性の隠喩

以上、ほぼ時代の流れに沿って見てきたとおり、鬼の基本的な概念は死者の霊魂である。つまり、もとは人であったがすでに人ではないもの、あの世のものである。とはいえ、この世にまったく関わらないのであれば、鬼をめぐってこれほど多くの言説が書かれることはなかっただろう。記されてきたのは、何らかの理由であの世に行き着くことができなかったり、この世に戻ってきたりする鬼たちであった。

さて、近代に入ると鬼は、西洋文明と対峙する中国の独特の位置を表す隠喩となる。それは二つのもののあいだで行き場を失った存在、そのままでは滅びてしまうかもしれない存在である。

魯迅（一八八一―一九三六）の小説「阿Q正伝《あきゅうせいでん》」は、一九二一年十二月から翌年二月にかけて九回にわたり『晨報副刊《しんぽうふっかん》』に連載され、のちに小説集『吶喊《とっかん》』に収められた。その主人公が阿Q。「阿」とは親しみをこめて名前に添える接頭辞であり、「Q」は名前のアルファベット表記の頭文字である。「第一章　序」で語り手は、素性も名前もはっきりしない人物の伝記を書くことへの逡巡を表して次のように述べる（以下、「阿Q正伝」の引用には『中国怪談集』所収の丸尾常喜訳を用いる）。

> 第三に、私は阿Qの名がどう書くのか知らない。生きていたとき、人びとはみな彼のことを阿Queiと呼んだ。死んでからは阿Queiの名を口にする者はいなくなった。〔…〕私はかつて仔細に考えてみたことがある。阿Queiは阿桂《アクエイ》か、それとも阿貴《アクエイ》か。〔…〕その他のめったに使われないQueiという音の字では、もっとあたらない。〔…〕私は最後の手段として、やむなく同郷人にたのんで、阿Qの犯罪記録を調べてもらうことにした。八ヵ月たってようやく返事があったが、事件記録には阿Queiと発音の近い名前の人物はいないということであった。

Queiという表記は現在使用されているアルファベット表記（ピンイン〔拼音〕）とは異なるが、「桂」や「貴」が候補に挙げられていることからも、ピンインのguiに当たる発音であることがわかる。このQueiが「鬼」であるという仮説に基づき、説得力に富んだ議論を繰り広げているのが、丸尾常喜の著書『魯迅「人《じん》」「鬼《き》」の葛藤』（岩波書店、一九九三年）の第三章「国民性と民俗――阿Q＝「阿鬼」の説」である。以下、「鬼」という文字の登場する箇所を引用しながら、この章の内容を紹介することにしよう。

　そもそも右にも引用した『阿Q正伝』の「第一章　序」は次のように始まる。

> 私が阿Qのために正伝を書こうと思うようになったのは、ここ一、二年のことではない。

だが書こうと思うかたわらで、いやよそうと思いかえしたりする。これをもってしても、私が「不朽の言を世にのこす」ような人物でないことがわかろうというものだ。昔から不朽の筆は不朽の人物を伝えるべきものである。だからこそ、人は文によって伝わり、文は人によって伝わり――となると結局誰が誰によって伝わるのか、だんだんはっきりしなくなってくるが、ともあれついに私は阿Qの伝記を書くことにおちついた。どうやら私の脳裏に幽霊がとりついているようなのである。

最後の「どうやら私の脳裏に幽霊がとりついているようなのである」の原文は「仿佛思想裏有鬼似的」であり、「幽霊」と訳されているのはやはり「鬼」である。阿Qが阿鬼、すなわち幽霊であるとするなら、この作品は一人の幽霊の伝記ということになる。

では、なぜ幽霊なのか。魯迅自身の発言に基づけば、この作品は「滑稽」や「哀憐」を目的としたものではなく、「国民の魂（「霊魂」）」を模索し、それを描き、「国民性の弱点」を明らかにすることによって、読者のために「反省の路」を開こうとしたものであった（丸尾、一一九頁）。

ここには魂〔霊魂〕という言葉が登場する。魂の存在様式は「陽間」では人、「陰間」では鬼である。つまり、「人」は死ねばすべて「鬼」となる（丸尾、一二九頁）。これまで中国の伝統のうちで生き、そして死んでいった無数の死者たち。その死者たちの力が重圧となって中国の変革を妨げていることを、魯迅は痛感していた。確かに、辛亥革命によって共和国は誕生した、しかし何も変わっていないではないか。それは古代の聖賢によって説かれた等級観念が今も人々を支配しつづけているからである。貴賤・尊卑・長幼・内外を極度に重視する父系制家族制度によって、人と人との関係は上下関係に解消され、人間の普遍的な価値を定立しようとする意志を殺してきたというのが魯迅の基本的な認識であった（丸尾、一五二頁）。

丸尾によれば、「阿Q正伝」における鬼は、「国民性」の「病根」として、国民の現在を規定している過去の遺伝子（国民性の鬼）であるが、そこには伝統社会における祭祀や年中行事、人々の幸福観や死生観の基礎となり、小説や演劇として親しまれた観念（民俗の鬼）が重ねられてもいる（丸尾、一三八頁）。

すなわち、阿Qは魯迅が中国という老大文明国の民族的心性と考えたものの体現者であるが、その生態には、本書がこれまで紹介してきたようなさまざまな鬼のイメージが集約されているのである。たとえば、阿Qは自らの家を持たず、土地廟に住んでいる。土地廟は、本来は土地神をまつる廟であるが、冥府の地方出先機関の機能を兼ねると見なされるようになった。人が死ぬと家族がここで紙銭を焼く習わしがあったのは、冥府の命令により人のたましいを受け取りにきた鬼が、死者の霊魂を土地廟に連行し、しばらくそこに留置すると考えられたからである。土地廟は流浪者が住みつく場所であったと同時に、鬼が一時的に身を寄せる場所にふさわしい。

また、阿Qは頭に禿があることが唯一の欠点だと考えており、「光」という言葉がタブーである。これは陰間の存在であるためと考えることもできる。日雇いで暮らし、家々をわたりあるくところは、祭ってくれる子孫がいない、餓えたままあたりをさまよう「野鬼」のイメージとも重なる。「後継ぎなしの阿Q」と罵られたために夜も寝られなくなるという場面もある。

さらに、阿Qがいったん村を出ていってから帰ってくると村人が阿Qを「敬してこれを遠ざく」という態度をとるのだが、これが『論語』の「鬼神は敬してこれを遠ざく」を踏まえていることは言うまでもない。革命党に入った「にせ毛唐」を訪ねて仲間にしてもらおうとして追いはらわれるくだりでは、にせ毛唐がつけているバッジに「その霊力でよく「鬼」をしりぞける「桃」が寓され、「革命」を許されない阿Qの姿が「桃符」に妨げられて門外にさまよう「鬼」の影と重なっている」(丸尾、一九〇頁)。

阿Qは結局、盗賊団の一味として捕らえられ、わけもわからぬままに書類に署名をさせられる。字が書けない阿Qは、「じゃ、何でもいい。マルを画け」と言われて、筆をにぎったまままぶるぶる震える。本書の冒頭に記したように、文字は鬼の敵であった。文字が作られたとき、鬼は夜に泣いたのである。こうして阿Qは見物する群衆の前で処刑される。そのとき、「さまざまの思いが旋風のように脳裏を駈けめぐ」るのだが、旋風は鬼が登場する前触れでもある。阿Qは自分をとりまく群衆の目を見て、かつて山の麓で出会った飢えた狼の目を思い出す。

かつての狼の目の記憶が、今阿Qをとりまいている群衆の目と重なり、多くの目がすーっと一つになったかと思うと、それは阿Qの「霊魂」に深く嚙みついていた。この群衆の目こそ「国民性」にひそむあの「鬼」の放つ光であった。［…］阿Qはこのとき、この目の恐ろしさと自分（あるいは自分たち）の深い孤独とに圧倒され、心底から「救けてくれ」と叫ぼうとした。阿Qの悲哀と孤独が、彼の「皮肉」を破ってはじめて「霊魂」の深処にとどいたとき、阿Qの「肉体」はこなごなに飛び散り、阿Qは正真正銘の「鬼」となった。

（丸尾、一九九頁）

鬼として生きた阿Qは、人として生まれかわることを願いながら死んで、ついに正真正銘の鬼となる。しかし考えてみれば、人は「人とは何か」と問いつづけながら生きるしかない存在なのかもしれない。それが中間的であること（＝鬼であること）であるなら、鬼とは人の一形態ではないだろうか。

三浦國雄は次のように述べる。

『朱子語類』は最初の6巻が朱子学の基礎教程に当てられているが、鬼神1巻は、理気2巻（太極・陰陽）と性理3巻（人物之性・気稟之性、性情心意之名、仁義礼智之名）との間に置かれている。いわば世界と人間との間である。この位置取りは、鬼神が色んな意味で中間概念であることを思えば、よく考えられた構成である。というのも、後述するように鬼神は、人間と自然、有と無などといった二項の中間に存在するものであるからで、そこに編纂者黄子毅の見識を見ることができよう。

（「朱子鬼神論補」一八七頁）

中間的存在としての鬼、あるいは鬼神。だがむしろ人こそは、天と地のあいだのどっちつかずの存在なのではないだろうか。

底本

朱熹『論語集注』、『四書章句集注』、北京、中華書局、一九八三年
孫詒譲『墨子閒詁』（全二冊）、孫以楷点校、北京、中華書局、一九八六年
王先謙『荀子集解』（全二冊）、北京、中華書局、一九八八年
黄暉『論衡校釈』（全四冊）、北京、中華書局、一九九〇年
魯迅『古小説鉤沈』、『魯迅全集』第八巻、北京、人民文学出版社、一九七三年
陶潜『捜神後記』、汪紹楹校注、北京、中華書局、一九八一年
徐鉉・張師正『稽神録・括異志』、北京、中華書局、一九九六年
李昉等編『太平広記』（全十冊）、北京、中華書局、一九六一年
阮元校刻『十三経注疏』（全二冊）、北京、中華書局、一九八〇年
黎靖徳編『朱子語類』（全八冊）、王星賢点校、北京、中華書局　一九九四年
顧肇倉選注『元人雑劇選』、北京、人民文学出版社、一九七八年
瞿佑等『剪燈新話　他二種』、周楞伽校注、上海、上海古籍出版社、一九八一年
湯顕祖『牡丹亭』、徐朔方・楊笑梅校注、北京、人民文学出版社、一九六三年

参考文献

前野直彬・尾上兼英他訳『幽明録・遊仙窟他』、平凡社（東洋文庫）、一九六五年

田中謙二編『戯曲集（上）』、平凡社（中国古典文学大系第五二巻）、一九七〇年
田中謙二編『戯曲集（下）』、平凡社（中国古典文学大系第五三巻）、一九七一年
前野直彬『中国小説史考』、秋山書店、一九七五年
竹田晃『中国の幽霊』、東京大学出版会、一九八〇年
三浦國雄「朱子鬼神論の輪郭」、東北大学文学部日本文化研究所編『神観念の比較文化論的研究』、講談社、一九八一年
三浦國雄「朱子鬼神論補」、『人文研究』三七－三、一九八五年
近藤春雄編著『中国の怪奇と美女――志怪・伝奇の世界』、武蔵野書院、一九九一年
中野美代子・武田雅哉編『中国怪談集』、河出書房新社（河出文庫）、一九九二年
丸尾常喜『魯迅　「人」「鬼」の葛藤』、岩波書店、一九九三年
浅野裕一『墨子』、講談社（講談社学術文庫）、一九九八年
垣内景子・恩田裕正編『『朱子語類』訳注　巻一―三』、汲古書院、二〇〇七年

＊本章は、日本学術振興会の科学研究費の助成を受けた「中国近世白話文学におけるテキスト生成の研究」（研究課題番号：25370405）の研究成果の一部である。

第二章　禽獣について

中国において禽獣（または、動物）は、どのような存在として位置づけられてきたのか。禽獣は、生物として人や植物からどのように区別され、その際には、禽獣にどのような独自の特徴が認められてきたのか。あるいは、禽獣は人にとって何物であるとされ、また、禽獣に対して人は何者であるとされてきたのか。いずれにしても、禽獣はどのように表象されてきたのか。このような問いに関わる歴史的な見取り図を描きだすことを、この「禽獣について」の章では目標としたい。

禽獣をめぐって、中国においては何がどのように語られ、また、記されてきたのか、そして、それらの言説は相互にどのように同調しあい、交錯しあいながら、ときに、類型的な表現を生みだしていったのか。具体的には、このような点に注目しつつ、本章の考察は進められていくだろう。

1　禽獣とは何か㈠——張載・邵雍・程子

禽獣について語り、記すことは、中国においても古くから行なわれてきたことである。しかし、禽獣について語り、記すことは、「禽獣とは何か」と問うことと同じではない。禽獣は他の生物とは異なっている。このことが無条件に自明視されている限り、「禽獣とは何か」と問うことは不要だろう。そのような自明性に訴えることなく、禽獣を他の生物とあらためて比較対照し、その上で、その特徴を理論的に考察しようとする姿勢は、歴史上のある時点に登場したものである。そのような画期的な時点に当たるのが、おそらく北宋である。それは、単なる偶然ではないだろう。北宋は、儒教を再活性化するために、その思想的枠組の再編が模索された時代として知られる。その過程で、「人とは何か」という古くからの問いが問いなおされ、この世界における人の位置づけに従来とは異なる意味が与えられていった。それに連動して、生物としては人に隣接する存在である禽獣と人との間に、相互の連続性と差異を再確定しようとする試みが行なわれていく。「禽獣とは何か」という問いが、ここに浮上してくるのである。

1　張載

たとえば、動物（人も含まれる）と植物との違いを主題化して、張載《ちょうさい》（一〇二〇―一〇七七）はこのように記している（『正蒙《せいもう》』動物篇）。

動物本諸天、以呼吸為聚散之漸。植物本諸地、以陰陽升降為聚散之漸。物之初生、気日至而滋息。物生既盈、気日反而游散。

動物は天に基づくから、呼吸を通じて、その身体を構成する気の聚散が段階的に行なわれていく。植物は地に基づくから、陰陽の昇降を通じて、その形体を構成する気の聚散が段階的に行なわれていく。物が誕生した時点では、その体を構成する気が日々とりこまれ、体を養い育てていく。物がその生命のピークを過ぎてからは、その体を構成していた気は日々体を離れ、散り散りになっていく。

有息者根於天、不息者根於地。根於天者不滞於用、根於地者滞於方。此動植之分也。

呼吸をする物は天に根ざし、呼吸をしない物は地に根ざす。天に根ざす物はその働きが滞ることなく、地に根ざす物は一定の場所に滞る。これが動物と植物の違いである。

動物は、天と関係づけられ、呼吸し、自由に運動し、移動する。植物は、地と関係づけられ、呼吸せず、一定の場所に束縛される。両者とも、気の新陳代謝のサイクルがそれぞれの一生のサイクルでもある点は共通である。つまり、両者とも生物である。しかし、動物は動き、植物は動けない。両者の差異は、天地との関係における対称性とそれに伴う呼吸の有無の違いによって決定されるのである。

2　邵雍

張載の同時代人、邵雍《しょうよう》（一〇一一―一〇七七）も、動物と植物の違いについて論じている（『観物外篇《かんぶつがいへん》』中之上）。彼は、形体の向きという点に着眼する。

動者体横、植者体縦、人宜横而反縦也。

動物は体が横に向き、植物は体が縦に向いている。人は動物として、体が横に向いているのが自然だが、逆に縦に向いている。

動物の身体は水平方向に延長し、植物は垂直方向に延長する。人も動物であるなら、水平方向に身体が延長しているのが自然である。しかし、そうではない。人は動物であって、しかも、単なる動物ではない。人は動物であるとともに、植物的な形体の特徴を有する特別な存在であることが、ここに示唆される。ただし、人は当然、植物ではない。

草木者、地之体也、人与草木皆反生、是以倒垂也。

草木は地にその体を根づかせる。人と草木はそれぞれが反対の方向に成長していく。すなわち、逆の指向性をもっているのである。

その身体が垂直方向に延長していることで、人は、植物の形体と特徴を共有する。しかし、人の身体が上方を指向して延長していくのに対し、植物は大地を、下方を指向する（指向性を判断する際に、人については頭を、植物については、人の頭に対応するものとして根を、それぞれ基準にしている）。この点が両者を決定的に区別するというのである。

それにもかかわらず、人においては、動物と植物の形体的な差異がハイブリッド的に総合されるだろう。しかも、邵雍によれば、動物の中の鳥と獣の身体的な差異もまた、人において高次のレベルに統合されているのである。

飛者有翅、走者有趾。人之両手、翅也、両足、趾也。

飛ぶ物には羽があり、走る物には足がある。人の両手は、飛ぶ物の羽に相当するものであり、その両足は、走る物の足に相当するものである。

人の両手が鳥の左右の羽であり、両足が動物の四足であるとは、もちろん、進化論的な観点から述べられているわけではない。あくまで双方が形体的な対応関係にあるという指摘である。いずれにしろ、鳥と獣を隔てる身体的な差異は、人の身体において高次のレベルで統合されるだろう。しかも、人の生物としての総合性はそれにとどまらない。

飛者食木、走者食草、人皆兼之而又食飛走也、故最貴於万物也。

飛ぶ物は木の実を食べ、走る物は草を食べる。人はその双方を兼ねる上に、飛ぶ物と走る物まで食べる。つまり、万物で最も貴い存在である。

人は鳥や獣の食べる物を食べ、かつ、鳥や獣まで食用にする。人が自然界の食物連鎖の頂点に立っていること、それに加え、きわめて雑食的であること。邵雍は、そのことを、人が万物の頂点に位置していることの証ととらえていく。

人の、他のあらゆる物に対する優越性は、食に限られない。それは、人の感覚の働きにも示されている。邵雍は、他の箇所では、このようにも述べている（『観物内篇《かんぶつないへん》』第二篇）。

人之所以能霊於万物者、謂其目能収万物之色、耳能収万物之声、鼻能収万物之気、口能収万物之味。

人が万物にすぐれた存在でありうるのは、その目が万物の姿をとらえることができ、その耳が万物の発する音をとらえることができ、その鼻が万物のにおいをとらえることができ、その口が万物の味わいをとらえることができるからである。

3　程子

北宋の時代からもう一例、張載や邵雍の同時代人である程顥《ていこう》（一〇三二—一〇八五）・程頤《ていい》（一〇三三—一一〇七）兄弟（二程子《にていし》）についても、関連する発言を見てみよう（すべて『程氏遺書《ていしいしょ》』から引用するが、記録者が兄弟のいずれの発言であるかを特定していない場合は、「程子」の発言として扱う）。たとえば、『易経《えききょう》』の一節、「天に本づく者は上に親しみ、地に本づく者は下に親しむ」（乾文言《けんぶんげん》）に言及しながら、程子はこのように述べている。

動植之分、有得天気多者、有得地気多者、本乎天者親上、本乎地者親下。然要之、雖木植亦兼有五行之性在其中、只是偏得土之気、故重濁也。

動物と植物の違いは、天の気をより多く得た物と地の気をより多く得た物との違いであって、そこから、「天に本づく者は上に親しみ、地に本づく者は下に親しむ」ということにもなる。そうは言っても、木や植物もまた、五行の気に基づいてその形体は構成され、そこに性が伴われている。ただ、体内に土の気が偏って多いので、気は重く濁ってしまうのだ。

（巻二上）

彼は、張載と同様に、天と動物、地と植物を結びつけ、それらがいずれも気によって形成されると考える。その上で、動物と植物の体を組成する気の構成比という観点を導入するのである。万物は気によって形成される。その気は単一ではなく、一方では、対立し、反発しあい、他方では、交錯し、補足しあう複数の部分に分かれる。これが、ここでの前提となる。

気を二分法的に天の気と地の気ととらえた場合、動物は天の気に偏っており、植物は地の気に偏っている。両者の間には明らかな構成比の違いがある（このような解釈は、「天に本づく者は上に親しみ、地に本づく者は下に親しむ」に関して、唐の孔穎達《くようだつ》（五七四―六四八）が『周易正義《しゅうえきせいぎ》』の中にすでに示している。なお、程頤の『易伝《えきでん》』は、ここでの発言とは異なり、「天に本づく者」を「日月星辰」と、「地に本づく者」を「虫獣草木」と解している）。気を五行（木・火・土・金・水）のカテゴリーを用いて五分法的にとらえた場合でも、五行の気の構成比で、植物は土に偏っている。そのような気の構成比の偏りが、植物の形体上の特徴を形成する。

程子の考え方の特徴は、気の構成の差異をこのように前提した上で、さらにその差異を「性」に還元していく点に見られるだろう。動物にしても、植物にしても、それらの形体は、その性（本性）の現れでもある。それらの形態がそれぞれ独自な方向に偏っているとすれば、それは、それぞれの性が偏っているからだということにもなるだろう。それに関連した程頤のことばがある。

動物有知、植物無知、其性自異、但賦形於天地、其理則一。

動物には知覚があるが、植物には知覚がない。動物と植物の性が異なっているからだ。しかし、天地の間の造化作用によって形が与えられるという点では共通するから、その理は同一である。

（巻二十四）

動物と植物が、ここでは、知覚の有無によって区別される。それは、両者を構成する気の構成比の違いを反映したものである（この点も、上述の『周易正義』に指摘されている）。気の構成が異なれば、当然、両者の性も異なる。それにもかかわらず、両者の理は同一であるとされる。理とは何か。ここでは、それは、動物と植物を生みだす気の造化作用全体に同一の秩序性が伴われていることを指している。動物と植物の形体に伴われる性はすでに偏向しているが、あらゆる物の生成に関わる、全体としての気の造化作用には同一の理が貫徹している。程頤は、このように言おうとしているように思われる。つまり、動物と植物の場合には、性は相互に異なるのに、理においては同一である。性はそのままでは理ではないのである。

さらに、程子の別の発言に目を向けてみよう。

天地之間、非独人為至霊、自家心便是草木鳥獣之心也、但人受天地之中以生爾。

天地の間で、人だけが特別に霊妙であるわけではない。人の心は、草木や鳥獣の心でもある。しかし、「人は天地の中を受けて以て生まれる」という点で異なっているのだ。（巻二）

程子のここでの発言はやや謎めいている。人の心は、草木や鳥獣の心でもありうる。つまり、人を、植物や禽獣から区別するものは心ではない。その意味では、人だけが生物として特別だというわけでもない。それにもかかわらず、人は特別であり、人を特別にしているのは、「人は天地の中を受けて以て生まれる」からだと言うのである。それでは、「人は天地の中を受けて以て生まれる」とは、どのような事態を指しているのか。「人は天地の中を受けて以て生まれる」は、『春秋左氏伝《しゅんじゅうさしでん》』の一節（成公十三年）をふまえた表現である。程子は、この表現について、独自に敷衍していく（以下の引用部分は、『程氏遺書』の編集に際し参照された諸テキストの中で、一つだけに記録されている）。

人与物、但気有偏正耳。独陰不成、独陽不生。得陰陽之偏者為鳥獣草木夷狄、受正気者人也。

人とその他の物との違いは、それぞれを構成する気が偏っているか、正しい調和を保っているかの違いだ。あらゆる物は、陰だけでは生成しないし、陽だけでも生成しない。陰陽のバランスが偏っていることにより、鳥獣や草木や夷狄が生みだされ、陰陽のバランスが正しく調和していることにより、人が生みだされる。

人を組成する気は、その構成比において、陰陽（ここでは、気を二分法的にとらえる場合の代表的なカテゴリー、「陰陽」が用いられている）の絶妙なバランスを保っている。人だけは、気の構成に偏りがない。

人を他のあらゆる物から区別するのが、この点であり、それが、「人は天地の中を受けて以て生まれる」ということである。ただし、「天地の中を受けて以て生まれる」とは、陰陽のバランスが正しく調和した気から人が組成されることを指すだけではない。「天地の中を受けて以て生まれ」た人は「天地の中」に位置するということが、さらに含意されている。人は、世界の中心に位置して、一方では、自らとは異なる植物や禽獣を周縁化し、他方で、中華ではない夷狄の民を周縁化していくのである。そして、人が人としてある限り、その性は、偏りのない気が身体レベルで現す、知覚や感情、思考、行動にしかるべき秩序を与えていくだろう。そのときこそ、人の性は、気の造化作用における秩序性を一般的に表す理と重なりあう。これが、程頤から朱子へと継承される有名なテーゼ、「性即理」を支える考え方である。

2　禽獣とは何か（二）——朱子

北宋に萌芽した「禽獣とは何か」をめぐっての問いかけは、北宋の思想的諸潮流の結節点ともいえる南宋の朱子《しゅし》（朱熹《しゅき》　一一三〇—一二〇〇）によって、より系統的に再構成されていく。その思考の過程を、『朱子語類《しゅしごるい》』の中にさぐってみよう。

朱子もまた、程子同様に、『易経』の一節、「天に本づく者は上に親しみ、地に本づく者は下に親しむ」に言及している。そこでは、人や禽獣、植物の位置づけはより包括的に論じられていく。

本乎天者親上、本乎地者親下。如人頭向上、所以最霊、草木頭向下、所以最無知、禽獣之頭横了、所以無知、猿狙稍霊、為他頭有時也似人、故稍向得上。

「天に本づく者は上に親しみ、地に本づく者は下に親しむ。」人の頭は上に向いているから、最も霊妙であるし、草木の頭は下に向いているから、最も知覚に欠ける。禽獣の頭は横に向いているから、知覚が不十分である。猿がやや霊妙であるのは、その頭がときどき人のように、やや上を向くことがあるからだ。（巻九十八）

身体または形体の指向性の違いによって、邵雍は生物を分類していた。朱子は、その分類に対し、生物ごとの段階的な知的水準の差異という考え方を組み合わせていく。人は上方に指向しているから、知的にすぐれている。植物は、人とは対照的に、下方に指向しているから、知的に最も劣る。水平を指向する禽獣はその中間に位置し、禽獣の中でも頭をもちあげられるという点で特別な猿は、さらに禽獣と人の中間に位置する。これが知的水準に照らした場合の、生物界の序列である。この序列には、さらに付け加えられるべきものがある。程子も挙げていたあの夷狄である。夷狄は、中華から疎外され、周縁化された周辺地域の民である。朱子は、この夷狄の民を組み入れることで、生物界の序列を確定していく。

至於獮猴、形状類人、便最霊於他物、只不会説話而已。到得夷狄、便在人与禽獣之間、所以終難改。

猿は、その形状が人に類似しているから、人以外の物の中では最も霊妙な存在である。人と違うのは、話すことができないという点だけだ。夷狄について言えば、彼らは人と禽獣の間に位置する。だから、自らを人らしく改めていくことがむずかしいのだ。（巻四）

夷狄は人でありながら、十分に人ではない。それは彼らが中華の民のようではないからである。彼らは、生物界の序列において、人と猿の間に、つまり、人の手前に位置づけられることになる。

それでは、なぜこのような違いが生物間に生ずるのか。朱子は、断片的だった程子や邵雍の立論を総合しつつ、その理由を説明していく。

自一気而言之、則人物皆受是気而生、自精粗而言、則人得其気之正且通者、物得其気之偏且塞者。惟人得其正、故是理通而無所塞、物得其偏、故是理塞而無所知。且如人、頭円象天、足方象地、平正端直、以其受天地之正気、所以識道理、有知識。物受天地之偏気、所以禽獣横生、草木頭生向下、尾反在上。物之間有知者、不過只通得一路。

すべての物がただ一つの気によって形成されるという点から言えば、人もその他の物もすべてこの気によって形成され、生みだされる。気の組成が一様ではなく、そこに精粗のむらがあるという点から言えば、人は、正しく調和がとれ、スムーズに流れる気から生みだされ、その他の物は、偏りがあり、流れの滞った気から生みだされる。人は、正しく調和のとれた気から生みだされるから、性として自らに与えられた理についても、スムーズに滞ることなく把握することができる。その他の物は、偏った気から生みだされるから、性として自らに与えられた理に接近する道も滞り、それを知ることができない。たとえば、人は、頭が丸いが、それは天の丸さに対応したものであり、足が四角であるのは、大地が四角であることに対応している。端正できっちりした姿態であるのも、天地の間の正しく調和のとれた気から形成されているからである。だから、道理をわきまえ、正しい知識をえられる。その他の物は、天地の間の偏った気から形成されているから、禽獣は横向きの身体で生まれるし、草木は頭が下に向き、しっぽが逆に上にある。知覚を有する物であっても、その知は一つの方向に偏って発揮されるにすぎない。

（巻四）

人は、調和のとれた気から生まれ、その身体も均整がとれている。人の頭と足には、それぞれ天と地の形（天円地方）が投影されてすらいる。身体の部位が、本来あるべき位置にあることの証である。他方、禽獣や植物は、偏った気から生まれ、その身体や形体も当然人とは異なっている。形体や身体の人との隔たりは、知的水準の面での人との隔たりに相関的である。特に、それは、理への接近に際して、そこに障壁が存するかどうかという問題につながっていく。

ここの議論では、程頤が首唱し、朱子が定式化した、あの「性即理」の原則が前提とされている。生物は、その本性として理を賦与されている。しかし、すべての生物が理に接近し、それを理解できるわけではない。現実の性のあり様は、一般的に、さまざまな程度で理と乖離しているからである。気がより偏っている物には、実質上、理への接近の可能性は最初から閉ざされている。偏りの程度が比較的小さい場合には、限定的な接近が可能である。人が生物として特異であることによって、人にだけは、理の全面へと接近し、その全貌を把握する可能性が例外的に開かれるのである。

そのような理は、人の本性でもある。人にとって決して抽象的なものではない。朱子が想定するのは、あくまで儒教的な道徳である。そのことに関連して、人とその他の生物との違いを、朱子はこのようにも指摘する。

気相近、如知寒煖、識飢飽、好生悪死、趨利避害、人与物都一般。理不同、如蜂蟻之君臣、只是他義上有一点子明、虎狼之父子、只是他仁上有一点子明、其他更推不去。

人とその他の物を形成する気自体に大きな違いはない。寒いか暖かいか判断すること、飢えているか満腹であるか区別すること、生を望んで死を憎むこと、利に走って害を避けること、これらについては、人もその他の物もまったく同じである。違いは、性として自らに与えられた理を理解できるかどうかという点にある。たとえば、蜂や蟻の社会に見られるような君臣関係は、蜂や蟻が義については少しだけ理解していることの現れだし、虎や狼の社会に見られるような父子関係は、虎や狼が仁については少しだけ理解していることの現れだ。ただ、人とは異なって、それらの場合には、理解していることをそれ以上に拡張していくことができないのだ。（巻四）

与えられた生命を維持するために知覚を活用し、行動を選択する点では、人は他の物と区別されない。あらゆる物が気によって生命を与えられている以上、これは、与えられた環境に対する生物に共通の反応である。一方で、生物を形成する気はまったく一様なわけではない。これが、それぞれの本性としての理への接近において違いを生む。かりに、理へと接近しえたにしても、それは一面的でしかない。具体的には、虫である蜂や蟻、獣である虎や狼が、仁義の片鱗を示すにすぎない。理の内容とされる、儒教道徳としての仁義を完璧に実践することが期待できるのは、人だけなのである。ここに至って、生物界の序列は、儒教道徳を基準にして上書きされていくことになる。

3　禽獣とは何か（三）――戴震

人も禽獣も含んだ生物の本性を、生物ごとの気の偏りに対応した性とすべての生物に本来的に共通する性に二重化してとらえる考え方は、朱子にとっては当然の前提であった。そのような考え方を根底から批判したのが、清の戴震《たいしん》（一七二四―一七七七）である。彼の批判は、主著と自認した『孟子字義疏証《もうしじぎそしょう》』（巻中「性」）に集約されている。彼は、性について、次のように定義していく。

性者、分於陰陽五行、以為血気心知、品物区以別焉。挙凡既生以後所有之事、所具之能、所全之徳、咸以是為其本。故易曰、成之者性也。気化生人生物以後、各以類滋生久矣。然類之区別、千古如是也、循其故而已矣。

性とは、陰陽五行の気のなす造化の働きにより、個体が分かたれ、それぞれが血気と心知をもった存在として生みだされる際に、その物を他の物から区別し、そのような物として限定するパターンである。それぞれの物が生みだされた後に、どのような事をなし、どのような能力をそなえ、どのような徳を完成させていくかについては、すべてこの性がその基本となる。そうであるから、『易経』でも「これを成す者は性なり」（繋辞上伝《けいじじょうでん》）と言われている。気のなす造化の働きにより、人が生みだされ、また、その他の物が生みだされるようになってから、物はそれぞれ長きにわたって類ごとに繁殖してきた。その間、類ごとの区別は少しも変化することがなかった。最初の区別がそのまま維持されてきたのである。

戴震の定義の前提になっているのは、この世界には多種多様な生物が存在しているし、これまでも多種多様な生物は存在し続けてきたという事実である。このような事実認定に関しては、朱子と戴震の間に違いはない。両者の違いは、なぜそうなのかという理由づけのレベルで生まれる。朱子やそれに先行する程子が採用したのは、気の偏りの一定の傾向性に対応して、さまざまな生物は存在するといった論法である。しかし、戴震はそのようには考えない。そのような論法では、各種生物が安定的に再生産されているという事実が、気の運動を秩序づける理の一般性によってしか説明できないからである。

それに対し、戴震はこのように考えていく。生物の類には、それぞれの類ごとに、その再生産に関連してあらかじめ設定されているパターンが存在する。そのパターンに従って、気の造化作用が発揮されていくとき、それぞれの類ごとに個体が形成されていくのである。このようなパターンこそが、性とよばれるべきものである。性は、気によって万物が生みだされていく過程では、生みだされる個体を類別するための指針となる。性の役割は、さらに、万物が個々に生みだされた後にも持続する。性は、それぞれの個体において内蔵された類独自のプログラムとして、個体を特定の方向に誘導していくのである。同類の生物が特定のパターンに従って再生産されていくこと、同類に属する生物個体は同様のプログラムの下に生育していくこと、この双方に性は関わるのである。このことによって、この世界には多様な生物が存在しているし、これまでもこの世界には多様な生物が存在し続けてきた。戴震がイメージするのは、このような生物世界である。

戴震は、ここでは、「血気と心知」を有する物、すなわち、人をも含む動物に即して生物世界のあり様を語っている。人と禽獣は、その生物世界の中で、それでは、どのように類別され、また、それぞれどのように位置づけられるのか。まずは、人と禽獣双方に共通する側面を、戴震がどのように語っているかに注目してみよう。戴震は、朱子も指摘していた、「生を望んで死を憎む、利に走って害を避ける」という生物に共通する特性に言及した上で、議論をその先に進めていく。

凡血気之属、皆知懐生畏死、因而趨利避害、雖明暗不同、不出乎懐生畏死者同也。人之異於禽獣不在是。禽獣知母而不知父、限於知覚也。然愛其生之者及愛其所生、与雌雄牝牡之相愛、同類之不相噬、習処之不相齧、進乎懐生畏死矣。一私於身、一及於身之所親、皆仁之属也。私於身者、仁其身也、及於身之所親者、仁其所親也。心知之発乎自然有如是。人之異於禽獣亦不在是。

血気を有する物は、いずれも生を大事に思い、死を恐れることを知っている。だから、利に走って害を避けるのだ。血気を有する物の心知には明暗の違いがあるが、いずれも生を大事に思い、死を恐れることを免れないという点では同じである。人は、この点で禽獣と異なるところはない。禽獣が、母親については母親と認知するのに、父親については父親であるという認識をもたないのは、心知による知覚に限界があるからだ。しかし、禽獣が、自らを生んだ母親を愛したり、また、自らが生んだ子を愛したり、オスとメスが愛しあったり、同類どうしはかみあわなかったり、一緒にいる物どうしはかみあったりしないのは、生を大事に思い、死を恐れるところから一歩進んだものである。自身に関わることだけに私する（利己的な関心を向ける）ことと、その関心を自身にとって親しい物にまで及ぼしていくこととは、いずれも仁の範疇に属する。自身に関わることだけに私するとは、自身に対し仁であるということだし、自身だけに向けられた関心を自身にとって親しい物にまで及ぼしていくことは、自身にとって親しい物に対し仁であるということだ。心知とは、このような方向に自然に発揮されるものである。人は、この点についても禽獣と異なるところはない。

人も禽獣も、生物として、自らの生存を確保しようとするものである。この点は、朱子もすでに述べていた。戴震は、それを前提とした上で、さらにこのように続けていく。人も禽獣も、自らの生存を確保するためにまず自身に関心を向ける（私する）が、やがて、その関心を自然に反転させて、自らの外へと、具体的には、自らの最も身近に存在する親や子、配偶者、仲間に対して及ぼしていくようになる。自身に向けられる関心にしろ、身近な存在に対し向けられる関心にしろ、それらはいずれも仁と呼ばれるべきである、と。ここにまで至ると、戴震と朱子の考え方の違いは歴然としてくることになる。

朱子にとって、仁は、儒教道徳の根幹として、すべての生物に共通に与えられている性の中にあらかじめ完璧な形態で書きこまれているはずのものである。したがって、仁は、遡及的に正しく見いだされるべきものであり、仁を形容する際にも、個人的な利害（禽獣とも重なりあう部分）に結びついた「私」という表現などではなく、「私」の対極にあって、一般的な公共性の地平を表現する「公」が用いられなければならない。それに対し、戴震は、自己の生存への配慮（私する）を仁の基底であるとし、そこから反転して、自己の外へと生存への配慮が拡張されていく構成的な過程全体を、仁という範疇に含めていくのである。戴震も、一方では、人だけが、仁に代表される儒教道徳を自覚的に実践できると想定している。その点で、朱子と異なるところはない。しかし、仁の拡張的な構成の過程を全体として展望する戴震の立場からすれば、儒教道徳の基底に関して、人を禽獣から特に区別しなければならない理由はないのである。

しかし、禽獣は、自らの父を認識しない。心知による知覚に、人と比べて明らかな限界があるからである。その理由は、やはり気の組成に求められていく。

易、論語、孟子之書、其言性也、咸就其分於陰陽五行以成性為言。成則人与百物、偏全厚薄清濁昏明限於所分者各殊。

『易経』や『論語《ろんご》』、『孟子《もうし》』などで性が言及される際には、陰陽五行の気のなす造化の働きにより、類ごとに個体が分かたれ、個体はその性に即して形成されていくというように述べられている。個体が形成された段階では、人はその他のさまざまな物とは異なっている。類ごとに個体が分かたれる際に、個体を形成する気に、偏と全、厚と薄、清と濁、昏と明という違いが生じたからである。

人とその他の生物を区別するのは、戴震の場合も、やはり、気の組成ということになる。人だけは、全・厚・清・明の気で組成される。他方、禽獣も含む他の生物を組成する気は、偏・薄・濁・昏の傾向をもつ。ただし、その傾向性は、あいまいなものではなく、類ごとのパターンとしての性を通じて、あらかじめ限定されているのである。

人は、生物として最もすぐれた気によって組成されている。言いかえるなら、人は、最もすぐれたパターン（=性）に即して形成されている。この意味で、人は、生物世界の頂点に位置する。人は、それでは、どのような能力をもっているのか。戴震は、このように述べる。

人則能拡充其知至於神明、仁義礼智無不全也。仁義礼智非他、心之明之所止也、知之極其量也。知覚運動者、人物之生、知覚運動之所以異者、人物之殊其性。

人は、その心知の能力を拡充していって、神のような明晰さのレベルにまで到達することができる。その際には、仁義礼智はすべて完全に把握されるだろう。仁義礼智とはほかでもない。心知の明晰さが到達すべきところであり、心知の能力が最大限発揮された先にあるものである。知覚や運動は、人とその他の生物に共通する要素である。その知覚や運動において、人とその他の生物の間に違いがあるのは、人とその他の生物の性が異なっているからである。

人を特異にしているのは、儒教道徳を完全に把握できる、その知的能力である。戴震にとっては、人が人らしくなるために、その知的能力を発展的に拡張していく過程が、同時に、人が、自己の生存への配慮から始めて、自己の外へと生存への配慮を拡張していく過程に重なりあっていくことになる。類としての人は、このような意味で、禽獣と類別される。それが、性の違いというものなのである。

人と禽獣の位置づけをめぐっての理論的考察は、近代科学の一環としての生物学的・人類学的言説が到来する以前の段階では、この戴震の立論が一つの到達点となる。このことを確認した上で、ここから先は、禽獣の表象をめぐる各論的展開に関心を向けていってみたい。

4　聖人と禽獣（一）——禽獣の脅威と孔子

儒教は、人としての理想を、人と人との関係性を通じて遂行されるべきものであると語る。また、そのような理想を体現する存在として聖人を語る。聖人は、聖人であるがゆえに、常に人と共に生きていくのである。

聖人の系列の最後に位置づけられる孔子《こうし》（前五五二頃—前四七九）は、このように述べている（『論語』微子）。

鳥獣不可与同群、吾非斯人之徒与而誰与。

鳥獣とは共に暮らすことはできない。私は、この人という仲間たちと共にいるのでなければ、いったい誰と共にいられるだろうか。

人は人であって、禽獣ではない。人が人らしくあるためには、人と禽獣の生活空間は切り離されていなければならない。それが自然なのである。

1　災害と暴君

ただし、そのような生活空間の分離は、つねに実現されていたわけではない。人の生活空間は、禽獣によってたびたび侵犯されたからである。その歴史を、『孟子』は、次のように記している。

当堯之時、水逆行、氾濫於中国。蛇龍居之、民無所定。下者為巣、上者為営窟。〔…〕使禹治之、禹掘地而注之海、駆蛇龍而放之菹。水由地中行、江、淮、河、漢是也。険阻既遠、鳥獣之害人者消、然後人得平土而居之。

堯、舜既没、聖人之道衰。暴君代作、壊宮室以為汙池、民無所安息、棄田以為園囿、使民不得衣食。邪説暴行又作、園囿、汙池、沛沢多而禽獣至。及紂之身、天下又大乱。周公相武王、誅紂伐奄、三年討其君、駆飛廉於海隅而戮之。滅国者五十、駆虎、豹、犀、象而遠之。天下大悦。

堯《ぎょう》の治世の際に、河川の流れが逆行して、中国全土に氾濫がおよんだことがあった。蛇や龍がのさばり、民衆にはおちつくところもなかった。低地に住む者は木の上に巣を作り、高台に住む者は洞窟を掘って避難した。［…］堯は、禹《う》に治水を担当させた。禹は、地面を掘って新たな水路を作り、あふれた水を海へと注ぎいれていった。また、蛇や龍を追いたて、沢へと放逐した。水は地面に掘った水路を流れるようになった。これが、今の長江、淮河、黄河、漢水である。氾濫はおさまり、鳥獣による危害も除去された。人々はようやくまた平地に住むことができるようになった。

堯や舜《しゅん》が没した後、聖人の道は衰えていった。そこに暴君が次々に現れた。彼らは、民衆の家屋を破壊して池を造営した。そのため、民衆はおちついた暮らしができなくなった。また、農地をつぶして園林を造営した。そのため、民衆は衣食の手段を失った。さらにまた、邪説が唱えられ、暴虐の行ないがなされていった。その結果、園林や池、沼沢は拡大されていき、禽獣がそこに集められていった。殷の紂《ちゅう》王の時代には、天下は再び大いに乱れた。周公は武王を補佐して、紂を討伐し、紂に加担した奄《えん》国の王を三年かけて討伐し、紂の側近である飛廉を海沿いの地まで追いつめ、殺した。さらに、紂に加担した五十の国を滅ぼした。また、園林に飼われていた虎や豹、犀、象を遠くにまで追いだした。天下はそれを大いによろこんだ。（滕文公下）

禽獣が人の生活空間に進出する事態は、まず未曾有の大洪水とともにもたらされた。浸水した各地に蛇や龍が跋扈する状況下で、民衆は平地の家を放棄して、低地では木に登り、高台では洞窟を掘って避難する。この危機に対処したのが、聖王・堯に指名された聖人・禹である。禹は大規模な河川改修工事を行なうことにより、事態を収束した。洪水はおさまり、蛇や龍は沢へと放逐された。人の生活空間は、その常態をひとまず回復する。

禽獣の二度目の進出は、災害によるものではない。今度は、聖王である堯や舜亡き後に相ついで出現した暴君たちがそれを人為的に促進する。暴君たちは、民衆の宅地や農地を接収して、人工的な池や園林を建設し、虎や豹、犀、象がそこに飼育されるようになっていく。民衆は家を失い、生活の手段を失った。その混乱は、殷王朝最後の王である紂の時代に極まる。混乱は、今回もまた聖人によって収束される。周王朝の創設に深く関わった周公は、紂王とそれに結びつく諸勢力を打倒しただけではなく、彼らが飼育していた虎や豹、犀、象を遠隔地に追放することで、民衆の生活基盤である宅地と農地の原状を回復したのである。

このようにして、人の生活世界を侵犯した禽獣の脅威は、聖人の努力を通じて二度にわたって克服された。さらに、周王朝の登場は、堯・舜・禹に始まる「聖人の道」が再興されたことも意味していた。しかし、禽獣の脅威は、これで最終的に消えさったわけではない。それは、従来とはまったく異なった形態で、孟子《もうし》（前三七二頃—前二八九頃）の時代に再び現れる。

2 「聖人の道」と孔子

禽獣による三度目の恐威は、人の生活空間を壊滅させたり、民衆の生活基盤を奪うといった性格のものではない。それは、人の人たるゆえんに関わる脅威である。その事態をよりよく理解するために、『孟子』から、さらに二箇所を引用しておきたい。一つは、「聖人の道」の内実に関わり、もう一つは、最後の聖人とされる孔子に関わっている。それというのも、三度目の脅威においては、禽獣が侵犯する対象は、「聖人の道」や孔子の教えにほかならないからである。

まず、「聖人の道」について。

后稷教民稼穡、樹藝五穀、五穀熟而民人育。人之有道也、飽食煖衣逸居而無教、則近於禽獣。聖人有憂之、使契為司徒、教以人倫、父子有親、君臣有義、夫婦有別、長幼有序、朋友有信。

舜の部下である后稷《こうしょく》は、民衆に農業を教えて、五穀を栽培させた。五穀がみのり、民衆はそれによって養われた。人というものは、腹いっぱい食べ、暖かい服を着、安逸に暮らすだけで、教化を受けるということがなければ、禽獣に近いものである。聖人である舜はそれを憂えて、契《せつ》を民衆教化担当の司徒に任命した、契は、民衆に人倫（正しい人間関係）とは、

「父と子の間には親しみがあり、君主と臣下の間には義があり、夫と妻の間には区別があり、年長者と年少者の間には順序があり、友人の間には信頼がある」ことだと教えた。

（滕文公上）

民衆に安定した生活を保障するだけでは、それは「聖人の道」とはいえない。教化ぬきの生活保障は、むしろ、人を禽獣化させてしまうだろう。人が人であるためには、教化を受けいれて、あらためて人とならなければならない。教化の主体の側に立って言えば、教化とは、民衆を人らしい人にしていく過程である。人となるためには、人倫の規範に従わなければならない。すなわち、人として生きる限り、一生の各段階で必ず通過すべき五つの人間関係（父子・君臣・夫婦・長幼・朋友）において、人はつねに自らの地位にふさわしくふるまわなければならない。このような教えが、「聖人の道」である。

ところが、「聖人の道」は、必ずしも安定的に継承されない。周王朝が登場するまで、それは長期にわたって見失われていた。周王朝とともに再興されても、やはり、その黄金時代は長くは続かない。孔子の頃には、「聖人の道」は再び大きく損なわれようとしていた。『孟子』は、孔子が当時どのような状況に直面し、それにどのように対処したかを描写している。

世衰道微、邪説暴行有作。臣弑其君者有之、子弑其父者有之。孔子懼、作春秋。春秋、天子之事也。

孔子の時代には、世は衰え、道は見失われていた。再び、邪説が唱えられ、暴虐の行ないがなされるようになった。臣下でありながら、その君主を殺害する者が現れ、子でありながら、その親を殺害する者が現れた。孔子は、そのような状況を危惧し、『春秋《しゅんじゅう》』を執筆した。『春秋』には、天子のなすべきことが記されている。（滕文公下）

孔子が生きたのは、「聖人の道」が見失われ、あの人倫の規範が踏みにじられている時代である。その中で、孔子は、堕落した時代への対処法を模索する。その結論は、天子ではない身で、天子のあるべき姿を明らかにするというものであった。春秋時代の各国の動向を簡潔に記した『春秋』という書物が、その成果となる。それは、単なる春秋時代の記録ではない。天子たる周王が本来なすべきだったことが、『春秋』の記述には投影されているからである。孔子以前の聖人は王であるか、それに準じる人たちであった。政治的な実権をもたない孔子は、前代の聖人たちと同様にふるまうことはできない。孔子は、そのような制約の下、『春秋』を執筆することにより「聖人の道」を再興した。『孟子』は、このように考えるのである。

3　禽獣への転落

ここまで確認した上で、孟子の時代に出現した、禽獣の新たな脅威について見ていくことにしよう。

聖王不作、諸侯放恣、処子横議、楊朱、墨翟之言盈天下。天下之言、不帰楊則帰墨。楊氏為我、是無君也。墨氏兼愛、是無父也。無父無君、是禽獣也。公明儀曰、庖有肥肉、厩有肥馬、民有飢色、野有餓莩、此率獣而食人也。楊、墨之道不息、孔子之道不著、是邪説誣民、充塞仁義也。仁義充塞、則率獣食人、人将相食。

今や、聖王は現れず、諸侯はしたい放題で、処子（出仕していない者）はかってな議論を行なっている。なかでも楊朱《ようしゅ》と墨翟《ぼくてき》の説は天下に蔓延している。天下に流布しているのは、楊朱の説でなければ、墨翟の説であるという状況だ。楊氏は、「わが為《ため》にする（すべては自分のためだけにする）」と説く。これは、君主の存在を無視するものだ。墨氏は、「兼ね愛す（この世の人を広く愛する）」ことを説く。これは、父の存在を無視するものだ。君主を無視し、父を無視する、これは禽獣にほかならない。魯の国の賢者であった公明儀は、かつてこう述べている。「厨房にはよく肥えた家畜の肉があり、厩舎にはよく肥えた馬がいながら、民衆には飢えた様子があり、野原には餓死者がいる。これは、獣を率いて、人を食わせようとするものだ。」楊氏と墨氏の説を断絶しなければ、孔子の道を明らかにすることはできない。邪説は民衆を誤った方向に導いて、仁義の教えを妨げている。仁義の教えが妨げられたままなら、「獣を率いて、人を食わせようとする」事態にもなるし、人が互いに食いあうようにもなってしまうだろう。

（滕文公下）

孟子は、彼の時代に影響力を持続させる、楊朱（生没年不詳）や墨翟（墨子　前五世紀―前四世紀）の説を一掃することを自らの使命とする。両者の説は、利己主義に徹底するか、利他主義に徹底するかという点では両極端である。しかし、人を社会的な関係性の下に位置づけることを特徴とする、人倫の教えを否定するという点では同一なのである。人が、人倫の教えを放棄するとしたら、それは、人が人であることを放棄することである。「聖人の道」が明示する人らしさの標準を自ら放棄して、禽獣に再び近づいていくこと、禽獣に自ら転落していこうとすることである。このような傾向を助長する思想がまさに一世を風靡している。これが、禽獣に関わる三度目の脅威である。今や、人を自発的に禽獣に転落させようとする思想の流行を通じて、人の生活世界は根底からゆるがされているのである。

以上をふまえるなら、上の引用部分に二度くりかえされる「獣を率いて、人を食わせようとする」という表現は、必ずしも同じ意味で反復されているわけではないことに気がつくだろう。公明儀のことばの中では、「獣を率いて、人を食わせようとする」の「獣」は、王の飼育する食用の家畜や乗馬用の馬を指している。「獣」は、実際に獣である。それに対し、楊朱や墨翟の説が世にはびこり、仁義の教え（＝「聖人の道」）が影響力を広げられない状況を、「獣を率いて、人を食わせようとする」と孟子が述べる場合の「獣」は、人倫の教えを放棄した者たちを指す。人倫の教えを放棄し、自ら進んで禽獣に転落した者たちが、かろうじて人たろうとしている者たちの領分を侵食していく。それが、後者の意味での「獣を率いて、人を食わせようとする」状況である。だとすれば、その先に想定される「人が互いに食いあう」状況とは、かつて人であった者が、いまだに人である者をより臆面もなく感化し、全面的に同化しようとしていく局面を指すだろう。

4　孔子とは誰か

ところで、上に引用した孟子のことばの中では、彼が復権を目ざそうとする「聖人の道」は、「聖人の道」ではなく、「孔子の道」と言われている。この言い換えは、偶然だろうか。あるいは、孔子が、孟子にとって時代的に最も身近な聖人だからだろうか。孟子の言い換えは、おそらく、偶然ではない。彼は、意識的に「孔子の道」という表現を選んでいるのである。しかも、その理由は、孔子が、孟子にとって時代的に最も身近な聖人だからではない。孔子が、最も偉大な聖人だからなのである。このことに関連して、『孟子』は、次のように記している。

自有生民以来、未有孔子也。

この世に人が生まれてから、孔子のような人は存在したことがない。（公孫丑上）

孔子は、単に聖人であるだけではない。聖人を含む人全体の歴史の中でも空前絶後の存在だというのである。このような孔子評価は、孟子が始めて唱えたものではない。孔子の三人の弟子たちがすでに同様の発言をしている。孟子は自らの孔子評価を述べた後に、それらの発言を紹介している。宰我《さいが》「私が先生のことを考えてみるに、先生は堯や舜よりもはるかにすぐれている（以予観於夫子、賢於堯舜遠矣）」。子貢《しこう》「この世に人が生まれてから、先生のような人は存在したことがない（自生民以来、未有夫子也）」。孟子は、子貢の孔子評価をその表現ごと反復していたわけである。それらに続けて、孟子は、もう一人の弟子、有若《ゆうじゃく》の孔子評価を引用する。

豈惟民哉。麒麟之於走獣、鳳凰之於飛鳥、太山之於丘垤、河海之於行潦、類也。聖人之於民、亦類也。出於其類、抜乎其萃、自生民以来、未有盛於孔子也。

孔子のような抜群の存在が生まれるのは、人に限られたことではない。走り回る獣の中での麒麟、空飛ぶ鳥の中での鳳凰、小高い丘と泰山、道路の水たまりと黄河や海、これらはいずれも同類である。聖人と民衆も同類である。同類でありながら、他の者たちから抜きんでているという点で、この世に人が生まれてから、孔子ほど他から隔絶している人はいない。

（公孫丑上）

この世界には、同類から隔絶した特異な存在が例外的に生みだされる。聖王の治世に姿を現すとされる麒麟や鳳凰、黄河中流域から下流域にかけて広がる、いわゆる中原地域の最高峰である泰山、そして、中原で最長の川である黄河とそれが流れ入る広大な海が、その具体例である。人においては、それが孔子だと言うのである。

有若のコメントは、孔子を麒麟や鳳凰に相当する存在であると位置づけている点でも興味ぶかい。その点に関わる問題系列については、すぐ後に取りあげるつもりである。その前に、孔子を賛美するに際して、孟子が選択する、別様の語り方に注目しておきたい。

孔子、聖之時者也。孔子之謂集大成。

孔子は、聖の時なる者（聖人として最も時宜のよろしきをえた者）である。孔子こそが集大成者と言われる。

（万章下）

孔子は、「聖の時なる者」である。そして、「聖の時なる者」であるからこそ、「聖人の道」の集大成者となる。孟子は、このように考えていた。

「聖の時なる者」であり、「聖人の道」の集大成者である。このような孔子の位置づけは、先の有若のコメントにも違和感なく接合していく。「聖の時なる者」は、麒麟や鳳凰に相当する存在ともなるだろう。ところで、麒麟や鳳凰と並べて孔子が語られるのは、『孟子』に限らない。しかも、他の事例では、『孟子』の場合とは異なる語られ方がされる。この点について、次に注目することにしてみたい。『孟子』と異なる文脈において、孔子は麒麟や鳳凰にどのように関連づけられ、また、その中で、孔子はどのように描かれていくのか。

5　聖人と禽獣（二）——象徴としての鳳凰・麒麟・龍

1　孔子と鳳凰

まずは、『論語』の一節を引用するところから始めてみよう。狂人をよそおった楚の国の隠者、接輿《せっよ》は、孔子に対し次のように歌いかけたとされる。

鳳兮鳳兮、何徳之衰。往者不可諫、来者猶可追。已而已而、今之従政者殆而。

鳳凰よ、鳳凰、なんと徳の衰えてしまったことか。過ぎ去ったことはいまさら諫めても間にあわないが、これから先のことならまだ間にあうはずだ。やめろ、やめろ、今、政治に関わろうとしても危ういだけだ。（微子）

この歌詞には、別バージョンもある。それが収録されているのは、あの『荘子《そうじ》』である。

鳳兮鳳兮、何如徳之衰也。来世不可待、往世不可追也。天下有道、聖人成焉。天下無道、聖人生焉。方今之時、僅免刑焉。福軽乎羽、莫之知載。禍重乎地、莫之知避。已乎已乎、臨人以徳。殆乎殆乎、画地而趨。

鳳凰よ、鳳凰、なんと徳の衰えてしまったことか。これから先の世を当てにはできないし、過ぎ去った世にもどることもできない。天下に道が実現されているとき、聖人はその道を完成させる。天下に道が実現されていないとき、聖人はそこにただ生きるだけだ。今の世の中は、刑罰にあわないようにするのがいいところ。福は羽よりも軽いのに、手の平にのせることを知らず、禍は大地よりも重いのに、わが身を避けることを知らない。やめろ、やめろ、徳によって人を治めようとするのは。危ない、危ない、大地に境界を立てて進もうとするのは。
（人間世）

孔子に対する接輿の歌いかけは、孔子を揶揄しているとも、孔子を惜しんでいるとも受けとれる。物語の構図としては、隠者として、いわば『荘子』の側に立っている接輿が、世俗側に立つ孔子を自らの方に誘うというものである。

それでは接輿はなぜ孔子を誘うのか。今のままでは孔子の身が危ういからである。だから、接輿は、孔子に「これから先のこと」を改める（『論語』）か、「今の世の中」でのふるまいを改める（『荘子』）よう誘っていく。いずれにしても、接輿の視点からすれば、孔子は、時流に乗れないだけではなく、そもそも時代状況を見きわめることのできない者なのである。その孔子が、鳳凰になぞらえられる。聖王の治世にしか姿を現さないはずの鳳凰が乱世に現れる。その場違いさが、そのまま孔子のイメージに重ねあわせられていくのである。

自らの生きる時代の中で、どうしても場違いな存在となってしまうこと。このことは、孔子自身も自覚し、ことばにもしている。たとえば、『論語』は、このような発言を記録している。

鳳鳥不至、河不出図、吾已矣夫。

鳳凰はやって来ないし、黄河は聖なる図を世に出すこともない。私もこれでおしまいだ。（子罕）

聖王の治世には、鳳凰が姿を現すだけではなく、神聖な獣を使者として、黄河もまた聖なる図（河《か》図《と》）を世に出す。たとえば、『易経』の語るところによれば、『易経』の陰陽組み合わせのパターンも、このような聖なる図を基にしたものである（繫辞上伝）。ところが、そのどちらも世に現れない。孔子は時に見放されたことを自覚した。鳳凰にもなぞらえられる彼は現に存在しているのに、鳳凰は現実には現れない。これが彼のジレンマである。聖人の系列の最後尾に位置する孔子は、すでに理想時代にはるかに遅れて来た者である。しかも、自らの時代の中ではなんとも場違いな存在である。つまり、時と相いれず、ついには時にも見放されてしまった。これが、孟子の言う「聖の時なる者」孔子の自己評価であった。

2　孔子と麒麟と『春秋』

（1）麒麟の出現と「素王《そおう》」孔子

鳳凰の出現を望む孔子の願いはかなわなかった。ところが、同様に、聖王の治世にだけ現れるはずの麒麟を、孔子は思いがけないかたちで目にする。

孔子が著したとされる『春秋』は、哀公十四年の「春、西に狩して麟を獲たり」と記録する。『春秋』の解説書の一つである『春秋左氏伝』は、それに関連して、麒麟の捕獲が不祥事であると見なされたこと、その後、孔子本人が捕獲された獲物が麒麟であると確認したことを記している。

鳳凰は現れないのに、麒麟は現れる。聖王の治世に限って現れるはずでありながら、一方は現れ、一方は不在のままである。この矛盾は、何を意味するのだろうか。矛盾する両面のどちらを重視するかによって、解釈の方向性は、二つに分かれていくだろう。一方は、麒麟の不規則な出現は、鳳凰の不在と同様に、孔子がもはや時に見放されてしまっていることを表す、と考える。麒麟の出現の不規則性を重視する立場である。もう一方は、鳳凰が現れないという点で変則的でありながら、麒麟の出現は、孔子の生きている時代が何らかの意味で聖王の治世に相当することを表す、と考える。麒麟が実際に出現し、孔子自身がそれを確認していることを重視する立場である。麒麟の出現は、孔子とその時代に対する評価の方向を分裂させることになったのである。

これに、孔子の『春秋』執筆をどのように評価するかという問題が、さらに組み合わされていく。孔子はなぜ『春秋』を執筆したのか。その執筆動機は何か。あるいは、『春秋』を執筆したことによって、孔子が達成したものは何か。このような問題が、あわせて意識されるようになったのである。

これらの問題に対し、『孟子』は、すでに解答を用意していたとも言える。『孟子』は、「『春秋』には、天子のなすべきことが記されている」と述べる。『春秋』は、乱世の中で（つまり、時に見放されながら)、天子ではない身の孔子が、天子のあるべき姿を明らかにするために書かれた。その結果、春秋時代において天子は本来何をなすべきであったか、その指標が示された。これが『孟子』の示した解答である。

漢代になると、『春秋』執筆の問題は、孔子とその時代に対する評価との関連で、麒麟の出現という事件と意識的に組み合わされるようになっていく。そこから、『孟子』とはまた別の種類の解答が構想されていくのである。孔子は、『春秋』執筆を通じて、自ら天子としてふるまい、新たな王朝の創始者として制度を策定した。仮想現実的ではありながらも、聖王の治世はそこに実現された。それに呼応して、麒麟は出現した。彼らは、このように考える。しかし、孔子は、現実の天子ではない。そこで、彼は、「素王」と呼ばれることになる。いわば仮想現実の王である。彼らからすれば、『春秋』の完成は、聖王の治世の実現を意味する。聖王の治世が実現したとき、麒麟は当然現れなければならない。『春秋』執筆の問題を介在させることにより、「素王」である孔子と、その晩年における麒麟の出現という事件は、すべて予定調和的に位置づけられていく。

(2) 杜預の批判

三世紀に入ると、漢代に流行したこのような考え方に対する痛烈な批判者が登場する。杜預《どよ》(二二二—二八四)である。杜預は、『春秋』とその解説書である『春秋左氏伝』を総合的に注解した『春秋経伝集解《しゅんじゅうけいでんしっかい》』の著者として知られる。彼の指摘を参照してみよう(「春秋左氏伝序」)。

仲尼曰、文王既没、文不在茲乎。此制作之本意也。歎曰、鳳鳥不至、河不出図、吾已矣夫。蓋傷時王之政也。麟鳳五霊、王者之嘉瑞也。今麟出、非其時、虚其応、而失其帰。此聖人所以為感也。絶筆於獲麟之一句者、所感而起、固所以為終也。

仲尼（孔子）は言われた。「周の文王が亡くなられた後、その「文」（文明）は、私のこの身に体現されているのではないか。」（『論語』子罕）ここに、孔子の『春秋』執筆の本意は示されている。また、孔子は嘆いて言われた。「鳳凰はやって来ないし、黄河は聖なる図を世に出すこともない。私もこれでおしまいだ。」（同上）これは、孔子が、当時の王の政治に心を痛めていたということだ。麒麟や鳳凰などの五霊（麒麟・鳳凰・亀・龍・白虎）は、聖なる王者の治世に現れるめでたい物どもである。孔子の晩年に、麒麟が出現したとしても、本来現れるべき時ではないし、その出現に対応するはずの聖王も存在しない。また、麒麟の身もそれにふさわしい者の手に帰したわけではない。だからこそ、聖人である孔子は、それに感慨を覚えられたのである。『春秋』が、「麟を獲たり」を記すところで筆がおかれるのは、麒麟の捕獲に感慨を覚えたことに始まった『春秋』の執筆は、当然、「麟を獲たり」と記すことで終了すべきだからである。

孔子が『春秋』を書いたから、麒麟が現れたのではない。たまたま麒麟が現れてしまったから、孔子は『春秋』を書かざるをえなくなったのだ。杜預は、このように『春秋』執筆の経緯を述べる。麒麟は鳳凰などと同様に、聖王の治世に限って現れるはずであり、そうでないとしたら、むしろ、それは異常な事態にほかならない。しかし、その異常さが、時に見放された状況下での自らの使命を、孔子に自覚させることになる。周王朝の創始者の一人に数えられる文王の「文」（＝「聖人の道」）を再興するという使命である。「文」は、今や孔子の下にしか存在しない。つまり、孔子を例外に、この世界からはすでに見失われてしまっているのである。その「文」を再興するという目標が、孔子を『春秋』執筆へと駆りたて、その結果、すでに見失われてしまった規範は、過去の歴史記述という媒体を通じてあらためて提示された。これが杜預の解釈である。

『春秋』執筆と、麒麟の出現は、事がらとして不可分に結びつき、しかも、双方は因果関係で結びついている。このことを前提とする限り、双方の結びつきは、漢代風に考える（『春秋』を書いたから、麒麟が現れた）か、杜預のように考える（麒麟が現れたから、『春秋』を書いた）か、そのいずれかであるしかない。しかし、それに対しては、このような反論が想定できるだろう。そもそも麒麟の出現は特筆すべきことなのか。また、『春秋』執筆と、麒麟の出現は、本来切りはなして考えられるべきではないのか。実際に、その通りの問題提起が、すでに一世紀の時点でなされている。王《おう》充《じゅう》（二七—九七頃）によってである。

（3）王充の批判

王充は、その思考の超時代的な特異性のため、二十世紀に至ってようやく再評価された思想家として知られる。王充もまた、同時代的な流行に影響されて、『春秋』は、孔子にとって、素王としての業績となる（孔子之春秋、素王之業也）」（『論衡《ろんこう》』超奇）と一方では述べる。しかし、彼からすれば、麒麟や鳳凰が出現することを、聖人の存在やその治世に結びつけることにはまったく根拠がないのである。彼の著書である『論衡』を参照してみよう。

儒者説鳳皇騏驎為聖王来、以為鳳皇騏驎、仁聖禽也、思慮深、避害遠、中国有道則来、無道則隠。［…］聖人不能自免於厄、而鳳驎独能自全於世、是鳥獣之操、賢於聖人也。且鳥獣之知、不与人通、何以能知国有道与無道也。人同性類、好悪均等、尚不相知、鳥獣与人異性、何能知之。人不能知鳥獣、鳥獣亦不能知人、両不能相知、鳥獣為愚於人、何以反能知之。儒者咸称鳳皇之徳、欲以表明王之治、反令人有不及鳥獣、論事過情、使実不著。

儒者は、このように言う。鳳凰や麒麟は、聖王の治世を祝福するためにやって来る、と。彼らによるなら、鳳凰や麒麟は、仁にして聖なる禽獣であって、思慮深く、自らに害あるときは、それを遠くに避け、中国に道が実現されているときにはやって来て、道が実現されていないときには隠れている、ということになる。［…］聖人ですら災厄を免れることはできない。それなのに、鳳凰や麒麟だけは、害を避けて、その生をまっとうする。これでは、鳥獣の身の修め方の方が聖人にまさっていることになってしまう。それに、鳥獣の知は、人を理解するように働くことはない。それなのに、どうして国に道が実現されているか、実現されていないかを知ることができるというのか。同じく人であり、同様の本性をもっていて、好悪の感情も共通する、人どうしの間ですら、相手を知ることはできない。鳥獣と人は、本性が異なっているのだから、どうして互いに相手を知ることなどできようか。人は鳥獣を知ることができないし、鳥獣もまた人を知ることはできない。互いに相手を知ることはできないはずで、しかも鳥獣は人よりも愚かである。それなのに、どうして鳥獣の方が逆に人を知ることができるというのか。儒者が、鳳凰の仁にして聖なる徳をたたえるのは、それによって、すぐれた君主の政治を顕彰しようとするものである。しかし、そこから、人には鳥獣に及ばない点があるといった話になってしまうなら、事実を誇大に論じようとすることで、事実が見失われてしまうというものだ。（指瑞）

麒麟や鳳凰が現れることと、国が聖人によって治められていること、この二つが連動することはない。少なくとも、麒麟や鳳凰が、聖王の治世であるかどうかを弁別して、姿を現したり、隠したりすることはありえない。なぜなら、生物の種類として、人と禽獣は異なるからである。人と異なる生物である麒麟や鳳凰は、人の社会を理解することはできない。そもそも、生物として、人は禽獣よりも高位に立つ。人が形成する社会関係を、禽獣の一種である麒麟や鳳凰が理解することはありえない。したがって、「儒者」の主張は誤りである。このように王充は論ずる。

それでは、孔子の晩年に麒麟が出現したことはどのように考えればいいのだろうか。それは、単なる偶然にすぎないのだろうか。その点に関して、『論衡』は、このように述べている。

鳳皇騏驎、亦和気所生也。物生為瑞、人生為聖、同時倶然、時其長大、相逢遇矣。衰世亦有和気、和気時生聖人。聖人生於衰世、衰世亦時有鳳驎也。孔子生於周之末世、騏驎見於魯之西沢。

鳳凰や麒麟も、調和のとれた気から生みだされるものである。調和のとれた気から物が生みだされると、瑞祥《ずいしょう》(めでたいしるし)となり、調和のとれた気から人が生みだされると、聖人となる。調和のとれた気からそれらが同時に生みだされると、大いに発展しつつある時世の中で、両者が遭遇することになる。衰退した世の中でも、調和のとれた気が現れることはあり、その調和のとれた気から聖人が生みだされるときもある。聖人が、衰退した世の中に生まれ、衰退した世の中に、さらにまた鳳凰や麒麟が生みだされるときもある。孔子が、周王朝の末期に生まれ、麒麟が、魯国の西の沢に現れたという場合である。（指瑞）

聖人も麒麟も、調和のとれた気から生みだされる。両者が、たまたまこの世に同時に生みだされたとき、聖人と麒麟の間に遭遇のチャンスが生じる。ただ、衰退した世の中では、調和のとれた気が恒常的には存在しない。そのため、遭遇のチャンス自体が稀になる。しかし、皆無というわけではない。そのような稀有な例が、孔子と麒麟の遭遇であった。王充はこのように説明する。つまり、王充によれば、聖人と麒麟の遭遇の可能性は、すべて気によって左右されていることになる。聖人や麒麟を生みだすような調和のとれた気がどの時点に、また、どこに出現するか、すべてはそれしだいなのである。ただし、すべてが偶然にゆだねられているかと言えば、必ずしもそうではない。王充は、このようにも指摘する。

夫致瑞応、何以致之。任賢使能、治定功成。治定功成、則瑞応至矣。

瑞祥を呼び寄せるとは、何によって呼び寄せるということなのか。賢者を任用し、有能な者を登用すれば、政治は安定し、実績が挙がる。政治が安定し、実績が挙がるなら、そこに瑞祥がやって来るのだ。（問孔）

瑞祥を呼び寄せようとしても、瑞祥を生みだすのは調和のとれた気であり、そのような気を出現させるための直接的手段を、人は持たない。人は随意に瑞祥を呼び寄せることはできないのである。

人にできることは、あくまで人としての領分に限られる。安定した政治体制を樹立し、統治の実績を挙げることである。その結果、そこには社会的な調和の気運が醸成されていく。その状況が持続されるとき、調和のとれた気が安定的に出現し、瑞祥が現れる。王充の描く図式は、このようなものであると思われる。

王充がここで述べていることは、前漢以来の天人相関説に通じるところがあるようにも見える。天人相関説においては、最高の主体は天であり、地上世界の統治をゆだねられた天子は、民生を安定させるという天の意向に即して統治することが求められる。その統治が、天の意向に反すれば、天は、災害や異常事を起こして警告し、天の意向通りであれば、天は、瑞祥を現して祝福する。いずれにしても、天子たる王は、自らの上位の主体である天をつねに意識しなければならない。それに対して、王充の立論中には、そのような意味での天は存在しない。王は自らの上位者を意識する必要はないし、瑞祥を現す明確な主体がいるわけでもない。すべての事象は、気の産物であり、人は人としてなすべきことをなす限りで、気の運動に対し、間接的な影響を与えられる。王充であれば、このように考えるだろう。

気の自動的な運動に対して、人は、間接的には影響を与えられる。だとすれば、麒麟や鳳凰の出現も、単なる偶然とは限らないだろう。しかし、人の影響力は間接的なものにすぎない。鳳凰の出現を切に願ったとしても、それはむなしい願いに終わるだろう。瑞祥が現れるかどうか、かりに瑞祥が現れるにしても、麒麟が現れるか、鳳凰が現れるか、それらを確実に知ることは、人にはできないからである。つまり、鳳凰の不在を嘆く、先の孔子のような態度は、まったく無意味なのである。あるいは、人の領分を越えた過分の要求なのである。王充は、次のように述べる。

> 於太平、鳳皇為未必然之応、孔子、聖人也、思未必然以自傷、終不応矣。
>
> 太平の世の中でも、鳳凰は、瑞祥としてつねに現れていたわけではない。孔子は、聖人として、自らの世に鳳凰が現れることを望み、つねに現れていたわけではない鳳凰が現れないことを悲しんだ。だが、ついに鳳凰は現れなかったのである。（問孔）

偶像破壊的な思索を随所に展開する王充の特徴が、この一節にも表れている。

麒麟の出現と『春秋』の執筆をどのように関係づけるか。この問題の解釈の可能性は、以上の王充の場合を合わせて、すべて出そろったと言えるだろう。ここで注目されているのは、あくまで解釈の可能性であって、解釈の影響力ではない。この問題を解釈する際には、麒麟が実際に出現したこと、『春秋』は孔子が著したことが、不動の前提とされる。その前提が維持される限り、解釈の可能性は、以上の三つのパターン（漢代「儒者」・杜預・王充）に集約されていくということである。三者の間では、漢代「儒者」と杜預が相対立するパターンを提示し、王充は、その間にあって、そのような対立自体の無効性を主張する。王充の脱構築的とも見えるスタンスは、当時にあって、きわめて特異なものであった。当然、追随者を生むこともなかったのである。

3　帝王と龍

漢の高祖、劉邦の生誕伝説に対しても、王充は、舌鋒鋭くその根拠のなさを批判する（『論衡』奇怪）。王充の批判を引用する前に、劉邦の生誕伝説を確認しておこう。それを伝える最初の文献は、『史記《しき》』高祖本紀である。その冒頭部分には、このように記される。

其先劉媼嘗息大沢之陂、夢与神遇。是時雷電晦冥、太公往視、則見蛟龍於其上。已而有身、遂産高祖。

かつて、劉媼《りゅうおう》は、大きな沢の堤の上で休んでいて、神と出遇う夢を見た。そのとき、雷電が起こり、あたりは真っ暗になった。夫の太公がそこに行ってみると、蛟龍が劉媼の上にいるのを目にした。劉媼はやがて妊娠して、高祖を生んだ。

後に漢の高祖となる劉邦は、実は、龍の子であったことを示唆するエピソードである。高祖本紀は、このエピソードを伏線として冒頭部分におくことで、劉邦が皇帝になるべき運命にあることを予告する。このような考え方を、王充は全面的に否定する。

儒者称聖人之生、不因人気、更稟精於天。［…］堯、高祖審龍之子、子性類父、龍能乗雲、堯与高祖亦宜能焉。万物生於土、各似本種。不類土者、生不出於土、土徒養育之也。母之懐子、猶土之育物也。堯、高祖之母、受龍之施、猶土受物之播也。物生自類本種、夫二帝宜似龍也。且夫含血之類、相与為牝牡、牝牡之会、皆見同類之物、精感欲動、乃能授施。若夫牡馬見雌牛、雄雀見牝鶏、不相与合者、異類故也。今龍与人異類、何能感於人而施気。

儒者は、聖人の誕生をこのようにほめたたえる。聖人は、常人などとは異なり、人の精気ではなく、天から精気を受けて生まれたのだ、と。［…］堯や高祖がたしかに龍の子であるとしたら、子の本性は父に似るものだから、龍が雲を乗りまわせるように、堯や高祖だって雲を乗りまわせるはずである。万物は地上に生まれ、それぞれの種類ごとに似かよっている。地上に生まれた物に似かよっていないとすれば、その物は、地上に生まれた物から生を与えられたのではなく、大地はただそれを養育しただけである。これは、母親が子を懐妊しても、まるで、大地が地上に生まれたのではない物を養育するような場合である。堯や高祖の母が、龍の精気を受けたとすれば、それは、大地にその物の種がまかれたような場合である。いずれにしても、物はそれぞれの種類ごとに似かよって生まれてくる。だとすれば、堯も高祖も龍に似かよっているはずである。血が体内を流れる生物の群は、オスとメスで構成される。オスとメスが交合する際には、必ず同類の物を見て、精気が刺激され、欲望が動きだして、始めて交合を行なえる状態になる。オス馬がメス牛を見ても、オスの雀がメスの鶏を見ても、交合に至らないのは、異類どうしだからだ。今、龍と人は異類どうしである。それなのに、どうしてまた龍は人から刺激を受けて、人に精気を施せるなどと言えるのか。

（奇怪）

ここでも、批判の直接的な対象は、「儒者」である。彼らは、劉邦だけではなく、聖人である堯についても、天上を自在に駆けまわる龍の子であると語る。龍の子であるなら、父である龍にその相貌や形状も似ているはずだし、雲にだって乗れるはずである。しかし、そうではない。それに、龍の子であるとしたら、その子は、胎児の段階で異物として母の子宮に入ったか、それとも、通常の妊娠のように、龍の精気が母の子宮で受精したということになるはずである。しかし、そのようなことがありうるのか。前者の借り腹説には無理があるし、後者の受精説も、生物は同類にしか発情しないことを考えれば、やはりなりたちえない。王充の主張はこのようなものであろう。

主張が理路整然としていることと、その主張の影響力は、この場合もやはり別の話である。聖人や偉人や異人の中には、人ではない物の子もいる。このような考え方が、中国ではその後も受けいれられていくからである。

6 韻文の中の禽獣

ここから先は、思想的な文献からはしばらく離れて、いわゆる文学的な表現の中に、禽獣の軌跡を追っていってみたい。まずは、韻文作品から、いくつかの作品を取りあげてみよう。

1 『詩経』

中国最古の詩集である『詩経《しきょう》』は、単なる文学作品として享受されてきたわけではない。『詩経』は、儒教の経典でもある。孔子によって編集、選定されたとも考えられてきた。『論語』には、『詩経』の学習を勧める孔子の発言も記録されている。当然のように、あの麒麟と鳳凰も、それぞれ一度ずつではあるが登場している。しかも、麒麟も鳳凰も、周王朝との関わりの深い作品の中に歌われる。聖王の治世に現れる麒麟や鳳凰は、それらの作品の中で、聖なる時代の実現とその持続に連なるイメージを喚起するのである。

たとえば、麒麟は、聖王の血族が末広がりに繁栄していく様子を象徴する。

麟之趾、振振公子、于嗟麟兮。
麟之定、振振公姓、于嗟麟兮。
麟之角、振振公族、于嗟麟兮。

麒麟の足、恵み深い　王のみ子たち、ああ　麒麟。（第一章）
麒麟のひたい、恵み深い　王のお孫たち、ああ　麒麟。（第二章）
麒麟の角、恵み深い　王の子孫たち、ああ　麒麟。（第三章）

（国風周南「麟之趾《りんしし》」）

歌われる麒麟の部位（第一句）は足→ひたい→角と、下から上へ空間的に移動する。それに対応する王の血族（第二句）は子→孫→子孫の順で、世代間で移動していく。世代間の移動につれて、血族に含まれるメンバーは増大していくだろう。両者は、移動のイメージを共有することで、比喩的に結びつけられている。そこに、各章に共通する第三句、「ああ　麒麟」が重ねあわされていく。王の血族は、すべて「ああ　麒麟」と呼ばれることで、その末広がりの繁栄には、聖性が付加されていくのである。

続いて、鳳凰の場合である。

鳳凰于飛、翽翽其羽、亦集爰止。藹藹王多吉士、維君子使、媚于天子。
鳳凰于飛、翽翽其羽、亦傅于天。藹藹王多吉人、維君子命、媚于庶人。
鳳凰鳴矣、于彼高岡。梧桐生矣、于彼朝陽。菶菶萋萋、雝雝喈喈。

鳳凰は飛ぶ、その羽でヒューヒュー、止まり木に集まる。
たくさん　王にはよい家来が、君子に使われて、天子を愛する。（第七章）
鳳凰は飛ぶ、その羽でヒューヒュー、天まで飛んでいく。
たくさん　王にはよい家来が、君子に命ぜられ、庶民を愛する。（第八章）
鳳凰は鳴く、あの高い丘で。アオギリは生える、山の東に。
アオギリは生い茂り、鳳凰は和して鳴く。（第九章）

（大雅「巻阿《けんあ》」）

ここで描かれるのは、鳳凰が自在に飛びまわっているような世界、聖なる天子の治世である。そのとき、諸侯（王）は、君子を補佐役にして、天子に対する忠節と庶民に対する恩愛を、配下のすぐれた部下たち（吉士・吉人）に尽くさせる。第九章に出てくるアオギリは、鳳凰の宿るべき木である。そのアオギリが生い茂るとは、鳳凰がそこに長く宿り続けることを示すだろう。つまり、聖天子の治世は安泰なのである。この三章で喚起されるのは、このような情景である。

2 「上林賦」

黄河中下流域、いわゆる中原地域の詩を収録した『詩経』に対し、長江中流域の詩の伝統を伝えるのが『楚辞《そじ》』である。漢代に入ると、『楚辞』の作風と形式を受け継ぐ作品は、賦というジャンル名で総称されていく。賦は、現在では、漢代を代表する文学ジャンルとされる。当時を代表する作家の一人に、前漢の司馬相如《しばしょうじょ》（前一七九頃―前一一七頃）がいる。彼の著名な作品である「上林賦《じょうりんふ》」は、皇帝直属の巨大庭園、上林苑の栄華の様を歌いあげる。そこに、実は、麒麟や鳳凰も端役として配される。その時代の治世を賛美するために不可欠の配役であった麒麟や鳳凰が、今や他の禽獣たちと区別されることもなく、同列に列挙されるのである。麒麟や鳳凰は、すっかりかつての栄光を失い、没落してしまったかのようである。これは何を意味するのだろうか。

おそらくそこには、麒麟や鳳凰も含めた禽獣の表象に関して、まったく新たな類型が提示されているのである。その類型においては、麒麟や鳳凰を禽獣の中の特異な存在と位置づけるような分類法は前提とされない。「上林賦」の中から、禽獣の表象に関わる部分を抜きだして、その叙述の特徴について考察してみよう。

都である長安に建設された上林苑は巨大である。周囲三百里（一里は約四百メートル）の苑は、その巨大な敷地に多くの物を囲いこむことで、単なる庭園にとどまらない規模を有する。そこには多くの川が流れ、川はその周囲に湖や池を作りだす。その一帯に生息するのが、水鳥や魚類であり、その中には、あの蛟龍も含まれる。高山や峡谷が連なり、平原や湿地も広がる。苑の北側では、真夏でも大地や川は凍りつくほどである。麒麟はそこに生息する。そのあたりに生息する獣の一つとして、駱駝や驢馬などと共に列挙されるのである。苑内には、それ以外にもさまざまな生物が生息する。それらは、皇帝のレジャーとして狩猟が行なわれる際には、獲物ともなる。そのような獲物の一つとして、鳳凰は、孔雀などと並んで列挙される。麒麟や鳳凰は、瑞祥として外から到来するのではなく、今では苑内で飼育され、ときには狩の獲物となる。儒教的な文脈では、聖性をおびた特異な存在であった両者は、ここでは、数多くの禽獣の一つにすぎない。

「上林賦」は、麒麟や鳳凰を端役として登場させることで、儒教的な文脈をパロディー化しようとしているのだろうか。あるいは、儒教的な価値観自体を否定しようとしているのだろうか。しかし、そうはならない。作品の末尾に至って、先行する叙述に欠けていたものを補塡するかのように、突如、儒教的な価値観が導入されるからである。狩猟の後、宴会の席上で、皇帝は突如改心するのである。改心した後の皇帝は、あの周王朝の創始者たちと同様の行為をしていく。実は、周王朝の創始者たちも自らの庭園を保有していないわけではなかった。たとえば、文王の庭園は、周囲七十里の規模である。しかし、それは囲いこまれてはいなかった。『孟子』の記すところによれば、庭園は民衆に開放され、木こりも猟師も自由に出入りできたのである（梁恵王下）。それにならい、改心した皇帝は、囲いこまれた広大な敷地を民衆に開放したのである。しかも、皇帝は、あの『春秋』を真剣に学び、儒教の教えで自らを律していく。あの「聖人の道」がここに再興される。

「上林賦」は、皇帝のこのような変化に対する民衆の反応を、「天下はそれを大いに喜んだ（天下大説）」と描写する。この表現も、たまたま選ばれたものではないだろう。『孟子』は、周王朝の創始者たちの尽力により、宅地や農地などの生活基盤を回復された後の民衆の反応を、「天下はそれを大いに喜んだ（天下大悦）」と表現していた（滕文公下）。その表現を、「上林賦」は意図的に反復しているかのようである（「説」は、「悦《よろこぶ》」の意味で用いられている）。『孟子』の記述を参照しながら、儒教的な価値観を補塡する「上林賦」終盤の叙述には、あるいは、『孟子』をパロディー化する意図がこめられていたのかもしれない。ただし、表現の上では、「聖人の道」が再興されたことをもって、「上林賦」は大団円となる。それが、時の皇帝、武帝の治世を賛美するために書かれた作品としては、当然の終わり方なのである。

3 「山居賦」

巨大庭園は、皇帝により都に建設されるだけではない。五世紀の南朝・宋の時代には、私有地に広大な庭園が建設される。その庭園を題材にしたのが、謝霊運《しゃれいうん》（三八五―四三三）の「山居賦《さんきょふ》」である。禽獣の表象に注意を向けながら、その叙述の特徴をさぐってみよう。

この庭園は、山に囲まれ、そこに谷もあり、川、湖もある。さらに、田んぼがあり、畑がある。そこでは米だけでなく、さまざまな穀物や野菜が生産される。山では、薬草が採れ、竹や木材、果実も豊富である。魚も鳥もその他の動物も多種多様である。動物としては、たとえば、熊や虎の名が挙げられる。しかし、麒麟や鳳凰はそこに含まれない。言及の対象となるのは、現に実在する物だけなのである。また、物が言及される場合には、その利用価値が多くの場合に前提されてもいる。それらは、狩の獲物でもなければ、単なる観賞の対象でもないのである。

「山居」という呼称は、もちろん、道家的な意味での隠遁の場所を指す。それに加えて、「山居賦」では、この「山居」が仏道修行の場であるとも詠われる。世俗から逃れ、悟りを求める場である「山居」は、同時に、広大な敷地の中に多くの資源を生みだす生産基地でもある。「山居賦」を特徴づけるのは、脱俗性と世俗性の奇妙な交差である。

儒教的な枠組のなかでは、都は世界の中心地であり、皇帝はさらに都の中心に位置する。このような枠組に制約された「上林賦」は、儒教的な価値観を最終的に導入せざるをえなかった。それに対し、「山居賦」は、その種類の制約に縛られない。もはや麒麟や鳳凰には作品に登場する機会すら与えられないのである。

4 「鵩鳥賦」

鳳凰は瑞祥として、聖王の治世に現れる。しかし、ある日突然、不祥の鳥が目の前に現れることもある。前漢の賈誼《かぎ》（前二〇〇—前一六八）が「鵩鳥賦《ふくちょうふ》」に描くのは、そのような鳥である。フクロウに姿の似た鵩鳥は、時代の命運などではなく、きわめて個人的な運命を告げるために現れるのである。

鵩集予舎、止于坐隅兮、貌甚閑暇。異物来萃兮、私怪其故。発書占之兮、讖言其度。曰、野鳥入室兮、主人将去。請問于鵩兮、予去何之。吉乎告我、凶言其災。淹速之度兮、語予其期。鵩迺歎息、挙首奮翼。口不能言、請対以臆。

鵩鳥が私の家にやって来て、座席の隅に止まった。その外見には驚いた様子も見えない。変わった物がやって来たのだが、そのわけがどうにもわからない。書物を開いて占ってみると、予言の書にこのような運命だと言う。「野鳥が部屋に入って来たら、主人はそこから立ち去るだろう。」鵩鳥にたずねてみた。「私はここを立ち去って、どこに行くことになるのか。運勢が吉だとしたら、私に告げてほしい。もし凶だとしたら、その災いを言ってほしい。私の運命が決するのは、まだ先のことなのか、すぐなのか、その時期を語ってほしい。」鵩鳥はため息をついて、頭を挙げ、羽を広げた。口では話すことができないので、心の中の思いでお答えしましょうという風情である。

この後に続く部分では、鵩鳥が心に思っていることとして、人の運命の定めのなさと、運命の束縛から自らを解き放とうとする道家的な処世の勧めが語られていく。鵩鳥は、不祥の鳥として、その到来によってすでに作者に運命を告げている。それに加えて、心中の思いを通じて、運命をどのように解釈し、それにどのように対処すべきかを告げるのである。しかし、鵩鳥はことばを持たない。それらはすべて鵩鳥の行為を通じて伝えられる。鵩鳥は部屋にやって来る。鵩鳥は頭を挙げ、羽を広げる。その行為を解釈し、言語化するのは作者である。行為する物とそれを解釈し、ことばにする者。両者の関係には、最初から相互性の契機が欠如している。形式的には、鵩鳥と作者は共通の空間の中に向き合う。その上で、自らの心象風景を作者が自由に投影できる対象として、鵩鳥は位置づけられていく。『詩経』においては、特定のイメージを共通に喚起するための媒体として、禽獣の形象は活用されていた。それとの対比で言えば、賈誼は、禽獣の形象を通じても、私的な表現が自在に展開できることを示したのである。

7　散文の中の禽獣

散文の中でも、禽獣は活躍する。ときには孫悟空のように自ら主人公になることもある。思想的な文献とは異なる散文表現の中に、禽獣がどのように表象されているか。いくつかの具体例を紹介してみよう。

1 『山海経』と鳳凰

たとえば、漢代以前に成立したと推定される『山海経《せんがいきょう》』は、その内容の荒唐無稽さから奇書として知られる。『山海経』は、中華の外の世界を描いていく。その地勢とそこに住む人や物である。それらの人や物は、当然、中華のようではない。異界に住む異人であり、異物である。そのような異人や異物をめぐって、『山海経』は、広範な博物学的知識を披露していくのである。その中には、あの鳳凰に関する情報も含まれる。鳳凰は、聖王の治世が中華に実現されたとき、中華の外から中華に飛来する。つまり、鳳凰の通常の生息地は中華の外にある。その生息地について、さらに、その生態について、『山海経』は複数の情報を提供してくれる。まずは、鳳凰に関するそれらの情報を参照してみよう。

又東五百里、曰丹穴之山、其上多金玉。丹水出焉、而南流注于渤海。有鳥焉、其状如雞、五采而文、名曰鳳皇、首文曰徳、翼文曰義、背文曰礼、膺文曰仁、腹文曰信。是鳥也、飲食自然、自歌自舞、見則天下安寧。

そこから東に五百里のところに山があって、丹穴之山と言う。山上には、金や玉が多い。

丹水はそこから流れ出し、南に流れて渤海に注ぐ。そこには鳥がいる。形は鶏のようで、五色（青赤黄白黒）に彩られている。名を鳳凰と言う。首には徳、翼には義、背には礼、胸には仁、腹には信の字が浮かびあがる。この鳥は、飲食も自然のまま、自ら歌っては自ら舞う。この鳥が姿を現すと、天下は安寧である。（南山経）

このような鳳凰の描写もある。

開明西有鳳皇鸞鳥、皆戴蛇践蛇、膺有赤蛇。

開明の西には、鳳凰と鸞《らん》鳥がいる。いずれも頭に蛇をのせ、足で蛇を踏みつけ、胸に赤蛇を巻きつけている。（海内西経）

別の箇所に目を転じると、そこには、鳳凰の卵を食する人たちのことが記されている。

此諸夭之野、鸞鳥自歌、鳳鳥自舞。鳳皇卵、民食之、甘露、民飲之、所欲自従也。百獣相与羣居。在四蛇北。其人両手操卵食之、両鳥居前導之。

この諸夭之野では、鸞鳥は自ら歌い、鳳凰は自ら舞う。鳳凰の卵を民は食し、甘露を民は飲む。欲するものを飲食するのである。多くの獣がそこに生息する。諸夭之野は、四匹の蛇がとぐろを巻いているあたりの北に位置する。そこの人たちは、鳳凰の卵を両手で持って食する。鸞鳥と鳳凰は、彼らの前に立って誘導する。（海外西経）

「両鳥居前導之」を「鸞鳥と鳳凰は、彼らの前に立って誘導する」と訳してみたが、「導之」とは、卵の食べ方を指導するということなのか、卵のある場所へ誘導していくということなのか、それとも他の意味なのか、文意ははっきりしない。いずれにしても、この地の人は鳳凰の卵を食べるのである。

後日譚を言えば、鳳凰の卵は、後に「鳳凰（皇）台」という名称で、十六世紀の総合的な薬物学書、『本草綱目《ほんぞうこうもく》』（李時珍《りじちん》（一五一八―一五九三）著）や十七世紀の百科全書的な辞書、『通雅《つうが》』（方以智《ほういち》（一六一一―一六七一）著）の中に登場する。前者では、「禽部」の薬物の一つとして、後者では、「動物・鳥」の部に収録された項目の一つとしてである。鳳凰をめぐっての想像力の回路は、このような方面でも再生産されていくのである。

2 『聊斎志異』と虎

蒲松齢《ほしょうれい》（一六四〇―一七一五）の短篇小説集『聊斎志異《りょうさいしい》』は、十七世紀から十八世紀にかけて書き進められた。作品の多くは、当時の民間伝承に基づくものである。そこでは、日常生活の延長上に、妖怪変化や奇怪なできごとがごく自然に出現する。その作風のユニークさに注目したのが、アルゼンチンの作家、ボルヘスであった。ボルヘスは、自らが編纂した世界文学の叢書を「バベルの図書館」と名づけた（「バベルの図書館」は、彼の有名な短篇小説のタイトルでもある）。その叢書中の中国怪奇譚編ともいうべき一巻のために、彼は、『聊斎志異』から十数篇を選んだのである（他に、『紅楼夢』から、二つのエピソードが抜粋されている）。ボルヘスが選んだ十数篇の中には、人の虎への変身が語られる一篇も含まれている。その作品「向杲《こうこう》」に、ここでは注目してみたい。

「向杲」は、作品の主人公の名である。作品前半部では、主人公の虎への変身に先だって、その伏線となる事がらが描かれる。

向杲は、女性関係のもつれから殺害された兄の復讐を行なおうとしている。復讐の相手は地域の有力者である荘。復讐の機会を連日うかがうものの、荘も弓の名手、焦桐を用心棒にして警戒をゆるめない。いつものように山道の草むらに身を潜め、荘を待ち伏せしていたとき、向杲は突然の悪天候に遭い、山上の神社に避難する。すると、そこには旧知の道士がいた。道士は、ずぶぬれの向杲に着替えを勧める。

この後に、思わぬ変身と復讐の成就が語られていく。

杲易衣、忍凍蹲若犬、自視、則毛革頓生、身化為虎。道士已失所在。心中驚恨。転念、得仇人而食其肉、計亦良得。下山伏旧処、見己尸臥叢莽中、始悟前身已死。猶恐葬於烏鳶、時時邏守之。越日、荘始経此、虎暴出、於馬上撲荘落、齕其首、咽之。焦桐返馬而射、中虎腹、蹶然遂斃。杲在錯楚中、恍若夢醒、又経宵、始能行歩、厭厭以帰。家人以其連夕不返、方共駭疑、見之、喜相慰問。杲但臥、蹇渋不能語。少間、聞荘信、争即牀頭慶告之。杲乃自言、虎即我也。

向杲は着替えると、寒さをこらえ、犬のようにうずくまった。ふと見てみると、あっという間に体が毛皮におおわれ、一身は虎と化していた。道士はすでに姿を消していた。心に驚きと恨みの思いがこみあげた。しかし、考えてみると、仇をつかまえて、その肉を食ってしまうのも、良策であるかもしれない。山を下りて、いつもの場所に身を潜めると、自分の死体が草むらに横たわっているのが目に入った。人としてはすでに死んでしまったことに気がついた。それでも死体がカラスやトビにねらわれないよう、ずっと見張りをおこたらなかった。あくる日、荘がそこを通った。虎はいきなり飛び出して、馬上から荘をたたき落とし、頭にかじりつき、そのまま呑みこんだ。焦桐は、馬を引きかえして弓を射た。矢は虎の腹に命中し、虎はばたりと倒れた。向杲は、からみあう低木の下で、まるで夢から覚めた後のようなぼんやりした気分だった。一晩たつと、ようやく歩けるようになったので、ふらふらしながら家に帰って行った。家族の者たちは、向杲がいく晩も帰って来ないのを心配に思っていたところだった。向杲が帰ったのを見て、喜び、いたわった。向杲はそのまま横になった。とても何かを話せるような状態ではなかった。しばらくして、荘が殺されたことが伝わってきた。家族の者たちは、我先にベッドの横にやって来て、めでたい知らせを向杲に告げた。向杲はそのとき言った。「その虎は、私だったんだ」。

向杲は、道士の関与で、人として死に、虎として再生する。虎は復讐を成就する。その後、虎は焦桐に殺されることで、今度は、虎として死に、人として再生する。人は単に虎に変身するだけでなく、虎を経由して、人に再び回帰する。それは同時に複数の生死のルートを往還することでもある。作品「向杲」の構成に見られる、このような複雑さは、それ以前の変身譚（中島敦の「山月記」は、その近代風翻案の一例である）とは一線を画するものである。

この点の評価に関連して、叢書「バベルの図書館」の『聊斎志異』を含む巻に寄せられたボルヘスの序文から、一節を引用してみたい。そこに見られるのは、「水のように不安定な、また雲のように変幻するとほうもない世界を仕組むような想像力である。まさに夢の王国、あるいはそれ以上に悪夢の回廊と迷路とが織りなす王国である」（土岐恒二訳）。

8　殺生とユートピア

禽獣は、人の食物ともなるし、ときには祭祀のいけにえともされる。仏教では、殺生戒が説かれ、禽獣を食べることはタブー視されるが、明末に中国を訪れた宣教師、マテオ・リッチ（利瑪竇一五五二—一六一〇）は、食肉よりも、馬に乗り、牛に耕させる方が長期にわたる虐待ではないかと反論している（『天主実義《てんしゅじつぎ》』第五篇）。禽獣にとって望ましいのはどのような状況なのか。禽獣にとってユートピアは存在するのか。実は、そのようなユートピアを真剣に構想しようとした思想家がいる。清末の改革派を代表する論客として知られる康有為《こうゆうい》（一八五八—一九二七）である。

康有為は、『大同書《だいどうしょ》』と題された著作を通じて、壮大なユートピア計画を提示する。「大同」とは、儒教の経典の一つである『礼記《らいき》』礼運《らいうん》篇で、社会的な公正さと完璧な相互扶助が実現された理想状態を指す語である。康有為は、その「大同」を禽獣にまで拡張しようとする。ただし、禽獣にとってのユートピアは、同時に、人にとってのユートピアでもあることが前提となる。より正確に言えば、人にとってのユートピア計画の中に、その一環として、禽獣にとってのユートピアが組みこまれていくのである。「禽獣」の章のしめくくりとして、このユートピア計画を紹介してみよう。

ユートピア計画は多くの障害をのりこえて実現される。のりこえるべき障害として挙げられるのは、国家の分立状況であり、身分間格差や人種・民族間の格差、男女の不平等、閉鎖的な生活単位としての家族、経済的階級と私有財産、行政区画の不合理などなどである。そのような課題の一つに、人と他の生物との格差も含まれる。それは、どのように解消されていくのか。人が、人らしさの根源である仁の道徳を最大限発揮することによってである。

大同之世、至仁之世也、可以戒殺矣。其時新術並出、必能製妙品、足以代鳥獣之肉而補益相同者、且美味尤過者。当是時、人之視鳥獣之肉也、猶糞土也、不戒殺而自能戒矣。合全世界人而戒殺矣、其視牛馬犬猫、如今之視奴僕、親之、愛之、憐之、恤之、用之、而食之、衣之、斯為大同之至仁乎。

大同の世は、至仁の世であるから、殺生を禁じることができる。その頃には、新たな技術が一斉に登場して、すぐれた代用食を必ず製造しているはずだ。鳥や獣の肉の代わりになって栄養価は同等、しかも味の良さはそれ以上であるといったものだ。そのようになれば、人は、鳥や獣の肉に見向きもしなくなる。殺生を禁じなくても、自然に終息に向かうはずだ。世界中の人が殺生をしなくなれば、牛や馬や犬や猫は、ちょうど現在、使用人が扱われているように扱われる。親しくされ、愛され、かわいがられ、世話をされ、仕事を与えられ、食事と衣服を提供される。これぞ大同の世の至仁というものである。（去類界愛衆生）

味の良い代用食の登場で、食肉の伝統は過去のものとなる。大同の世では、すべての人が平等であるから、そこには、主人もいなければ、使用人もいない。不在の使用人の地位に、牛や馬や犬や猫が入りこみ、人並みの待遇（かつての使用人レベル）を受けるというのである。

引用に続く箇所では、知力の高い猿やオウムの場合は、人並みの待遇（かつての使用人レベル）を受けるだけではなく、実際に、かつての使用人の役割を果たすとも述べられる。しかし、大同の世でも、すべての鳥や獣が人並みに扱われるわけではない。人に危害を加える鳥や獣は、その種自体の絶滅が図られるからである。一部の獣に関しては、動物園に隔離されることで、その種の保存が認められることもある。いずれにしても、大同の世はすべてが人間中心的である。大同の世が、至仁の世であるとは、そのことを意味しているのである。

蓋全地之大、自生物院而外、無復有猛獣者矣、只有馴獣耳、蓋至是全地皆為人治之地矣。夫獣与人同宗、而才智稍下、遂至全滅、此則天演優勝劣敗之極至矣夫。

大いなる地上に、動物園を除いて、猛獣はもはや存在せず、人に馴れた獣だけがいる。これは、地上全体がすべて人の治める場所になったということである。獣は、人とその先祖を等しくするが、才智が人に劣っていたため、ついには全滅するものが出るに至った。これぞ

進化の優勝劣敗の法則がいきついたところだ。（同上）

大同のユートピアは、人と禽獣との境界を最終的に確定する。そのとき、あの「聖人の道」は理想状態に到達するだろう。そのような世界は、進化の終着点ともなる。人にとってのユートピアは、禽獣にとってのユートピアになるのだろうか。

底本

張載『張載集』、章錫琛点校、北京、中華書局、一九七八年
林楽昌『正蒙合校集釈』（全二冊）、北京、中華書局、二〇一二年
邵雍『邵雍集』、郭彧整理、北京、中華書局、二〇一〇年
程顥・程頤『二程集』（全四冊）、王孝魚点校、北京、中華書局、一九八一年
李学勤主編『十三経注疏1　周易正義』、北京、北京大学出版社、一九九九年
阮元校刻『十三経注疏』（全二冊）、北京、中華書局、一九八〇年
黎靖徳編『朱子語類』（全八冊）、王星賢点校、北京、中華書局、一九八六年
戴震研究会他編纂『戴震全集』第一冊、北京、清華大学出版社、一九九一年
朱熹『四書章句集注』、北京、中華書局、一九八三年
劉宝楠『論語正義』（全二冊）、高流水点校、北京、中華書局（十三経清人注疏）、一九九〇年
程樹徳『論語集釈』（全四冊）、程俊英・蔣見元点校、北京、中華書局、一九九〇年
焦循『孟子正義』（全二冊）、沈文倬点校、北京、中華書局（十三経清人注疏）、一九八七年
郭慶藩『荘子集釈』（全四冊）、王孝魚点校、北京、中華書局、一九六一年

洪亮吉『春秋左伝詁』(全二冊)、李解民点校、北京、中華書局(十三経清人注疏)、一九八七年
黄暉『論衡校釈』(全四冊)、北京、中華書局、一九九〇年
司馬遷『史記』(全十冊)、北京、中華書局、一九五九年
班固『漢書』(全十二冊)、北京、中華書局、一九六二年
朱熹『詩集伝』、朱傑人校点、『朱子全書』第壹冊、上海、上海古籍出版社/合肥、安徽教育出版社、二〇〇二年
蕭統編『文選』(全六冊)、李善注、上海、上海古籍出版社、一九八六年
王洲明・徐超校注『賈誼集校注』、北京、人民文学出版社、一九九六年
袁珂校注『山海経校注』、上海、上海古籍出版社、一九八〇年
李時珍『本草綱目』下冊、劉衡如校点、北京、人民衛生出版社、一九八二年
方以智『通雅』(全二冊)、『方以智全書』第一冊、上海、上海古籍出版社、一九八八年
蒲松齢『聊斎志異』(全二冊)、張友鶴輯校、上海、上海古籍出版社、一九八六年
朱維錚主編『利瑪竇中文著訳集』、香港、香港城市大学出版社、二〇〇一年
康有為『孟子微・礼運注・中庸注』、楼宇烈整理、北京、中華書局、一九八七年
康有為『大同書』、湯志鈞導読、上海、上海古籍出版社、二〇〇五年

参考文献

楊伯峻訳注『孟子訳注』、「中国古典名著訳注叢書」、北京、中華書局、一九六〇年
大滝一雄訳『論衡　漢代の異端的思想』、平凡社(東洋文庫)、一九六五年
吉川幸次郎訳注『詩経国風』、『吉川幸次郎全集』第三巻、筑摩書房、一九六九年
安田二郎・近藤光男『戴震集』、朝日新聞社(中国文明選第八巻)、一九七一年
金谷治訳注『荘子』第一冊、岩波書店(岩波文庫)、一九七一年
野口定男・近藤光男・頼惟勤・吉田光邦訳『史記』上、平凡社(中国の古典シリーズ一)、一九七二年
川勝義雄『史学論集』、朝日新聞社(中国文明選第十二巻)、一九七三年

金谷治訳『孟子』上、朝日新聞社（中国古典選第八巻）、一九七八年
田中謙二・一海知義訳『史記』三、朝日新聞社（中国古典選第二十巻）、一九七八年
山田慶児『朱子の自然学』、岩波書店、一九七八年
段玉裁『説文解字注』、上海、上海古籍出版社、一九八一年
加納喜光訳注『詩経』上、学習研究社（中国の古典十八）、一九八二年
加納喜光訳注『詩経』下、学習研究社（中国の古典十九）、一九八三年
村瀬裕也『戴震の哲学――唯物論と道徳的価値』、日中出版、一九八四年
高橋忠彦訳注『文選』上、学習研究社（中国の古典二三）、一九八五年
中野美代子訳『聊斎志異』、ボルヘス編纂・序文、国書刊行会（バベルの図書館十）、一九八八年
小倉芳彦訳『春秋左氏伝』下、岩波書店（岩波文庫）、一九八九年
杉田英明編『動物誌と動物譚』、平凡社（東洋文庫ふしぎの国十一）、一九八九年
高馬三良訳『山海経　中国古代の神話世界』、平凡社（平凡社ライブラリー）、一九九四年
大室幹雄『劇場都市』、筑摩書房（ちくま学芸文庫）、一九九四年
金谷治訳注『論語』、岩波書店（岩波文庫）、一九九九年
岩本憲司訳注『春秋左氏傳杜預集解』上、汲古書院、二〇〇一年
土田健次郎『道学の形成』、創文社、二〇〇二年
森野繁夫訳注『謝康楽文集』、白帝社、二〇〇三年
マテオ・リッチ『天主実義』、柴田篤訳注、平凡社（東洋文庫）、二〇〇四年
岩本憲司訳注『春秋左氏傳杜預集解』下、汲古書院、二〇〇六年
増田渉・松枝茂夫・常石茂・古瀬敦訳『中国怪異譚　聊斎志異』三、平凡社（平凡社ライブラリー）、二〇〇九年
岩本憲司『春秋學用語集』、汲古書院（汲古選書）、二〇一一年
土田健次郎『「日常」の回復――江戸儒学の「仁」の思想に学ぶ』、早稲田大学出版部（〈早稲田大学ブックレット「震災後」に考える〉シリーズ十五）、二〇一二年

池田知久訳注『莊子』上、講談社（講談社学術文庫）、二〇一四年

第三章　石について

本章では、「人ならぬもの」のうち「石」について、その歴史的・思想的な含意の一端を論述してみたい。その際、中国史で脈々と受け継がれた三種の思想である儒教・道教・仏教のうち、道教に関わるトピックを軸にして話を進める。

「人ならぬもの」とは、天・地・人のうち、人ではないもの、つまり天と地に属するもののことである。その中で、石が地に属するのはわかりやすい。

また石は、下にあり、どこにでもある、つまらないものである。こうした石の性質は、「道《タオ》」の思想＝道教にちかしい。道家の代表的著書であり、のちに道教経典ともなった『荘子』で、「道」はどこにあるかと質問された荘子は、「道」の在りかについて「アリ」「ヒエ」「瓦のかけら」「屎《し》尿《にょう》」などと「下」のものばかりを挙げて、質問者をあきれさせている（『荘子』知北游篇）。これは、道家のいう「道」が「下」というベクトルを持っていることをよく示している。

その一方で、石について考えていくと、石は地に属するだけではなく、人にもなるし、天にも属することに気がつく。したがって、本章ではむしろ「石」と「人」の相互関係を述べていくことにする。つまり「石」は、下のものが、ある場合には上にも通じているという、反転した文化的な観念を備えているのである。以下、それについて述べる本章の構成と視点を概述しておこう。

第一節は、人が石に変化する話を分析し、戦国時代から漢代の人々が、石を素材に思い描いていたトピックを紹介する。これは「地」にころがっている石である。具体的には、漢代から言い伝えられている「啓母石《けいぼせき》」について述べる。

啓母石とは、聖人とされる禹の妻の塗山氏《とざんし》が、石となって息子の啓を生んだ、という神話を具現化した石である。そのためこの節では、石と禹王の関わりをめぐる諸問題を考えることになる。

禹王の神話は、中国の神話で最も有名なものの一つであり、それゆえに複雑な伝承がある。研究も諸説紛々だが、多くの場合、禹の神話に上古における何らかの歴史事実が隠されている、という観点から進められてきた。本節はそうではなく、禹の神話の基本要素がほぼ出そろった戦国時代から漢代に、それがどのように語られていたかを考える。その時、母親・女性というジェンダーの問題にも触れることになる。

第二節は、漢の司馬遷《しばせん》『史記《しき》』に登場する「黄石公《こうせきこう》」についてである。黄石公はその名の通り「黄色い石」が人に変化したものである。さらに、その石は隕石だったとする伝説もある。つまりこの事例は、人ならぬ石が人になった話であり、地ではなく天に属する石である。そのバリエーションを道教の世界に見る。

第三節では、石が永遠性を持つことと神仙思想の関係を考える。神仙思想は、ある種のテクニックや薬物によって、人は不死の存在になれると考える。この思想を石が体現するのである。このことを考える端緒となるのは、中唐以降に流行した「太湖石《たいこせき》」である。その背後のコンセプトは、晋代に生成した「洞天《どうてん》」の思想である。ここでは、石は人を人ならぬ神仙（仙人）に導く存在であり、天と地に通じるものである。

と言うのは、石は堅くて腐らないだけでなく、穴を形成するからである。巨大な石とも言える「山」にある穴は、「洞」とよばれる。石の中の空間、つまり洞窟は、地の中のもう一つの天地となる。そんな地の空間には仙人が住んでいる。これを「洞天」という。かくして、地と天は結びついてしまうのである。魏晋南北朝から唐代にかけて、石に対する関心が出そろっていき、それが洞天の思想とも結びついて、太湖石への愛好に結晶する。そこには、道教の信仰が深く関わっている。

本章では、これらの観点から石を考えることによって、唐代までの中国古典＝中国文化史の基層における石の豊かなイメージを瞥見する。なお、このように中国文学における「石」に着目した著書として、最近、アメリカの中国文学批評家ジン・ワンの『石の物語』が翻訳されたので、その意見も紹介しながら述べる。明清時期になって、『西遊記』や『紅楼夢』といった長篇小説で開花する石のイメージについては、ジン・ワンのこの書に譲ることとする。

1　啓母石

河南省登封にある少林寺に行く道すがら、嵩山《すうざん》の麓に啓母石という巨岩があるというので、寄ってみたことがある。

嵩山は、黄河に面した古都洛陽の南にそびえる山地である。太室山と少室山の山々から成っている。嵩山の南の麓、登封の県城からみると、西北から太室山が怒濤のように東へとつらなり、同じ西北から南へと屏風のように少室山がそびえている。西北向きに眺めると、高い峰々が左右にひろがって逆V字型に並んでいる。そのあいだを、平地が西北へとのびている。その平地の街道にそって、少室闕や啓母闕という古代遺跡がある。

街道から太室山を見上げながら歩くと、手前にまず啓母闕がある。これは啓母廟（廟は祭祀のための宮殿）の南側に建っていた石づくりの門である。低い所から見て、啓母闕→啓母廟→啓母石（→太室山）という順番で、太室山を祭祀するモニュメントがあったのである。「闕《けつ》」というのは、神聖な場所の入口の左右に建てる石造りの門構えのこと。現在の啓母闕は不完全で、門構えの形をわずかに伝える程度である（保存のため建屋に覆われている）。これは、後漢の延光二年（一二三）に、潁川《えいせん》（この地）の太守（長官）であった朱寵《しゅちょう》という者が建てたという。石の表面には浮き彫りがあり、上

啓母石（北側）（撮影は筆者、以下同）

太室山頂上近くの岩石

古の聖人である禹の神話が描かれ、上部に銘文があり、禹の治水の功績が語られているが、一部しか残っていない。禹は中国各地で洪水を治め、九つの行政区域「九州」を確定した。「啓」というのは禹の子であるから、「啓母」は禹の妻である。

闕の背後にまわって廟の跡地を見た。漢代のものはもちろん、唐の則天武后が再建したというものも何も残っていない。

そのさらに上の平地に、啓母石がある。三階建てのビルが転がっている風情である。岩盤が露出しているのではなく、一個の独立した岩だ。その岩の前に立つと、なぜここにこんな巨大な石がぽつんと転がっているのか、不思議だ。明らかに太室山と同質だが、太室山から転がり落ちてきたとは思えない。現地は太室山の崖から相当の距離がある。そして、岩の北側面（太室山側）が、切断されたかのように見事にパクリと割れている。これまた不思議である。

古代の人々も同じ気持ちになったのだろう。それゆえこの石は、古くから崇敬され、廟や闕が作られたわけである。この石にまつわる神話によると、この石は上古の聖人である禹の妻だった、というのである。

1　啓母石のいわれ

この石への崇敬はいつからあったのだろう。啓母闕が後漢の中頃に作られたのだから、それ以前には違いない。これに関する古い言及としては、『漢書《かんじょ》』武帝紀がある。それによると、漢の武帝（前一四一—前八七在位）は、長安から東方に巡遊して、まず華山にお参りし、ついで中嶽嵩山に行った。そこでめでたい一角獣を獲て、啓母石に参拝した。翌日、武帝が嵩山に登ると、お供の人々は「万歳」というこだまが三回響くのを聞いた、という。元封元年（前一一〇）正月の詔で、このことが言及されている。

そうすると、漢の武帝の時にはすでに、華山や嵩山は皇帝による祭祀対象であり、嵩山の麓にころがる啓母石も、山岳祭祀の一環に組み込まれていたことがわかる。おそらく、この時に啓母石を祀る廟が建てられ、啓母石を崇敬する習わしができたのであろう。

啓母石のいわれについて、『漢書』武帝紀のその部分の注釈に、後漢の応劭《おうしょう》（二世紀後半）の説として「啓が生れて、その母は化して石となった」という。それに対して唐の顔師古《がんしこ》（五八一—六四五）は、次のような説明をしている。

啓、夏禹子也。其母塗山氏女也。禹治鴻水、通轘轅山、化為熊。謂塗山氏曰、欲餉、聞鼓声乃來。禹跳石、誤中鼓。塗山氏往、見禹方作熊。慚而去、至嵩高山下化為石。方生啓、禹曰、帰我子、石破北方而啓生。事見淮南子。

啓は、夏禹の子である。その母は塗山氏のむすめであった。禹が洪水を治めるために、轘轅山に川を通そうとして、化して熊となった。妻の塗山氏にこう伝えてあった。「食事を作ってほしい時は太鼓を鳴らすから、太鼓の音を聞いたら来なさい。」禹は石を蹴飛ばして、その石が誤って太鼓に当たった。その音を聞いて塗山氏が行ってみると、禹がまさに熊となって働いているのを見てしまった。彼女はそれを恥じて夫から離れ、嵩高山（嵩山）のふもとに至って石となった。啓を孕んでいたので、禹が「我が息子を戻せ」と言うと、その石は北側が割れて啓が生れた。この事は『淮南子《えなんじ》』に見える。（『漢書』武帝紀の顔師古注）

禹が熊となったのを見た妻の塗山氏は、夫が熊だったのを恥じて、石になってしまった、という。現地の啓母石は、北側下部（つまり腰）から四角い箱状の石を落としたように見える。だから、この石は女性であり、子供を産んだのである。しかも、現場にある石の形状は珍しく、どこから転がってきたのかわからない。そんなわけで、その石には神性があり、偉大な女性の化身であり、偉大な聖人の息子を生んだことになったのだろう。

漢の武帝が啓母石を祀ったときに、この話は知られていたのだろうか。顔師古は「この事は『淮南子』に見える」とコメントしている。しかし、現行の『淮南子』を検索しても、この話は見つからない。顔師古といえば、唐代の学界の最高峰にいた学者である。彼は、『漢書』の注釈のほか、当時の官僚採用試験のために『干禄字書《かんろくじしょ》』という字典を作ったりしている。その顔師古が引用しているのに、その文が現行本に見えない場合、文献学的には「『淮南子』の古いテキストにあった逸文」として扱うのが普通である。

そこで顔師古を信じると、彼が読んでいた『淮南子』のテキストには、この話が載っていた。『淮南子』は、漢の武帝の即位翌年（前一三九）の成立とされる。そうすると、この話は漢の武帝の頃に知られていたことになる。

それにしても、神話とはいえ、この話は支離滅裂すぎないだろうか。よくわからない点をあげてみよう。禹はなぜ「熊」に変身したのか。禹が「石を蹴飛ばす」とは何を意味するのか。禹の妻はなぜ嵩山と関連するのか。啓はなぜ石から生まれたのか。こんな支離滅裂な話を、皇帝は信じて山岳祭祀をしたのだろうか。

最大の謎は、啓母はなぜ石になるのかだ。この神話を分析したジン・ワンはこう述べている。

塗山の石への変身は、暗黙の非難と報復の行為として、つまり禹が動物になったために、人間の配偶者として所定の性的関係が不可能になったことに対する強い反発として解釈できる。熊を見たことによって、塗山が獣姦への嫌悪に悩まされ、それが変身を引き起こし、性と無縁で生命のない物体へと即座に自己退却したということかもしれない。

（『石の物語』、邦訳〔以下同〕、八六頁）

これは、精神分析的な観点からの解釈である。石がセックスと無縁で生命がない、というのは、確かに石の性質の一端である。中国では昔、「石女」という語もあって、石は妊娠や出産をしない無生命の代表であった。また石は、鈍感で情緒を持たないものの比喩でもあった。中国文学者で作家でもある高橋和巳の小説『我が心は石にあらず』の題名に使われた『詩経』の言葉のように、石は蹴飛ばしても何も感じないが、人の心は石ではないから、蹴飛ばすような扱いを受ければ傷つく。そのような無感情な物に、禹の妻はみずからを変身させた。その背景には、獣《けもの》とセックスしたことの嫌悪感がある、というのである。

しかし、この解釈では、その獣がなぜ「熊」なのかわからない。それに、嫌悪感が極まると人も石になりうる、と中国古代の人々は考えていたのだろうか。

こうした疑問に答えるためには、当時の人々の思考方法に戻って、禹の神話から考え直してみなければならない。

2　禹の神話

禹の神話で最も重要な資料は、彼の語った言葉として『書経《しょきょう》』（『尚書』）に伝えられている文言である。『書経』は、おおむね春秋時代の話を伝えるとされており、いわゆる「五経」という儒教の根本経典の一つである。冒頭から堯・舜・禹の政論である「堯典」「舜典」「大禹謨《だいうぼ》」（ただし現行の「大禹謨」は魏晋期の偽撰とされるいわゆる「偽古文」）が載っている。そのあとの巻でも、禹は中心的な人物として何度も登場する。その中で、禹が自分の仕事を述べる部分が「益稷《えきしょく》」（もとの「益稷」ではないが、もとの「皐陶謨《こうようぼ》」の後半部分とされる）にある。この部分は『史記』夏本紀にも採られており、禹の仕事ぶりとして有名な一節である。

無若丹朱傲、惟慢遊是好、傲虐是作。罔昼夜頟頟、罔水行舟、朋淫于家。用殄厥世。予創若時、娶于塗山、辛壬癸甲。啓呱呱而泣、予弗子。惟荒度土功、弼成五服。

〔堯の息子の〕丹朱のようにおごって、馬鹿な遊びばかりを好み、おごりたかぶっていじめばかりをやるようであってはならない。〔丹朱は〕昼となく夜となく、休む間もなくそんな悪事を働くばかりで、水がないのに舟を進め、仲間と奥向きの中で乱行をした。そのため世襲の位を失った。私は本来、〔丹朱の悪があのようなのに懲り〕、塗山の国から妻を迎えても、辛壬癸甲と四日たつと〔すぐに治水の仕事に出かけ〕、その後は、啓がオギャーオギャーと泣いても、私は家に入って子どもの相手をしなかった。水土の仕事を大いに治め、水土が治まると、五服〔服飾制度〕を補い整えた。

（『尚書注疏』益稷、訳文は「正義」の解釈による）

丹朱というのは聖人の代表である堯の息子のこと。丹朱は堯帝の息子をよいことに、陸地で舟をひっぱらせて遊んだり、宮殿の奥でご乱行に明け暮れたりしたらしい。禹はこの例を反面教師として、息子にかまけずに仕事に励んだ、と自分で述べているわけである。

堯の息子のことは、聖人でも息子を教化できない例とされた。堯は息子が帝位の世襲に堪えないので、臣下の舜に帝位を譲った。これが中国史において、君主が世襲せず、徳のある臣下に帝位を譲る「禅譲」という美風の始まりとされる（じつは、臣下が帝位をのっとること）。

この記述で、啓母石の神話の要素のうち、禹は塗山氏から妻を迎えたこと、治水の仕事に精を出していたこと、啓という息子がいたことなどが、『書経』の内容として古くから伝えられていたことが見てとれる。しかし、妻が石になることは出ていない。

禹はこうして洪水を治め、舜の禅譲をうけて夏王朝の始祖になったとされる。ただし、禹と夏王朝の関係を語る話は、戦国中期になって盛んになるようである。それにつれて、禹の妻としての塗山氏も話題になっていったのであろう。

3　禹が熊になるのはなぜか

禹と石の関係を考えるにあたり、ここで禹がなぜ熊に変身したか考えておくのが便利だろう。

『書経』にみえる禹の伝承には、熊になる話はない。禹と熊の関係が話題になるのも、戦国時代になってからである。『春秋左氏伝』昭公七年によると、堯が禹の父親である鯀《こん》を羽山《うざん》に流刑にし、鯀の霊魂は化して「黄熊」となって羽淵《うえん》に入った、という。「羽淵に入った」というからには、どうもこの「黄熊」は水に親しむ熊らしい。熊という動物は、意外と泳ぎがうまく、水中に潜って魚を捕えることもできるから、その特徴をとりあげた話になっているようである。

その一方で、『帰蔵《きぞう》』「啓筮《けいぜい》」によると、「鯀は死んだあと三年、遺体が腐らなかった。遺体を呉の刀で切り開き、禹を取り出した」という。この『帰蔵』というのは、古い占いの文献で、少なくとも部分的には、戦国時代末の内容を伝えている。鯀の遺体が腐らなかったのは、鯀が特殊な生命力を持っていたからである。そこから禹が誕生したということは、禹も特殊な生命力を秘蔵していることを示している。

禹のこうした特殊な出生譚は、天才や聖人につきものである。鯀が死して黄熊となり、そこから禹が生まれたと戦国末には考えられていたとすれば、禹が熊に変身する必然性もそこにあると考えられる。鯀の生命力と鯀が熊になったこととが結びつくと、禹の生命力は熊に起因していることになる。

もちろん、禹と熊が結びついてから、それが禹の父親に起因している、という神話ができたのかもしれない。いずれにしても、戦国末には禹と熊とは結びついていたと思われる。関連する記事が『容成氏《ようせいし》』第十四・十五章に見える。この文献は、二〇〇二年に発見された上海博物館蔵の竹簡で、前四世紀中頃から前三世紀中頃のものとされている。珍しいので引用しておく。

禹聴政三年〔…〕乃因泥以知遠、去苛而行简、因民之欲、会天地之利。夫是以暱者悦治、而遠者自至、四海之内及、四海之外皆請貢。禹然後始為之号旗、以弁其左右、使民毋惑。東方之旗以日、西方之旗以月、南方之旗以它、中正之旗以熊、北方之旗以鳥。

禹が政治を執って三年の間〔…〕身近のことから遠くを推しはかるというやり方で、煩わしい政令などを除き去って簡単にし、人民の願いに従い、天地間のあらゆる利を集めた。そうして、近くの人々はその政治を謳歌し、遠くの人々は自ら移りやってきた。さらに四つの海の内の人々は集まってき、四つの海の外のありとあらゆる国々はみな入貢を求めた。禹はその後はじめて号旗を作って左右を明らかにし、そうして人民たちが惑わないようにした。つまり、日を東方の旗〔の紋章〕とし、月を西方の旗〔の紋章〕とし、蛇を南方の旗〔の紋章〕とし、熊を中央の旗〔の紋章〕とし、鳥を北方の旗〔の紋章〕とした。

（曹峰・李承律『上海博物館蔵戦国楚竹書『昔者君老』『容成氏』（上）訳注』。原文の漢字は当用漢字に改めた）

これによると、禹は諸侯を会合させたことになっている。『春秋左氏伝』哀公七年に、「禹は諸侯を塗山に会合させ、そこで玉帛を持参してつきしたがった者は万国に及んだが、そのうち現在も残っている国は数十とない」とある。『容成氏』にいう会合とは、このことらしい。四方から集った人々が、それぞれ決まった旗のもとに集結したわけだが、その旗の標識が、東は太陽、西は月、南は蛇、中央は熊、北は鳥となっている。南が蛇なのは、楚国のイメージであろう。戦国時代の楚の青銅器には、蛇が多く描かれている。中央が熊なのは、禹が黄熊から生まれたという話を承けて、禹の出自は熊だと考えられていたことを示している。つまり、禹をリーダーとする夏王朝は、熊を自身の象徴としており、それは禹の出自が熊だったからだと戦国時代中頃までには考えられていたのである。だとすると、それが啓母石の話に反映して、禹が熊に変身するのであろう。

4　禹が石を蹴飛ばすのはなぜか

禹と熊の関係がわかると、禹が石を蹴飛ばす理由も理解できる。それは、戦国時代に伝えられていた禹の姿態と関係している。

『荘子《そうじ》』盗跖《とうせき》篇に「堯は不慈、舜は不孝、禹は偏枯《へんこ》」とある。この「偏枯」とは、身体障害があることを意味する。戦国時代の話を伝える『尸子《しし》』君治篇によると、禹は河水を整え、十年しても自宅のドアを入らなかった。手から爪ははがれ、すね毛はすりきれ、身体に障害が生じる病気となった。歩くのに足を踏み出すことができないため、人はその歩き方を「禹歩」といった、という。

戦国末の『荀子《じゅんし》』非相篇にも「禹跳湯偏」とあり、「跳」は足をひきずって歩くことをいう。つまり、戦国末までに、禹は身体に障害があったとされていたのである。これは、聖なる人物が異形であることの表現である。

この禹の「偏枯」に着目した白川静は、『山海経《せんがいきょう》』で魚について「偏枯」といわれているのを根拠に、禹は当初は魚の姿をした神格だったと論じた。その姿は、仰韶《ヤンシャオ》文化で出土した土器に描かれているという。白川静は、漢字学の博識に基づき、「禹」の字が入った「踽僂《うろう》」などの字が「背をかがめて歩く意」であることから、禹は「治水のために半身不随となって、歩くにも背をかがめて歩いた」ため「偏枯」といわれた、と結論している（白川静『中国古代の文化』）。

これを、上述の禹と熊の関係と結びつけると、背をかがめて足をひきずって歩く「偏枯」の姿は、熊が立って歩く姿からイメージされたものではなかろうか。そうすると、啓母石の神話で、禹が石を蹴飛ばすというのは、熊が立って歩くように、禹が足を引きずって歩いたからだったのである。啓母石の話の原文の「跳石」を「石を蹴飛ばす」と訳したが、上掲の『荀子』非相篇の用例でわかるように、「跳」は足を引きずることでもある。つまり、この神話では禹が身体障害だったという伝説と熊の出自だったという伝説が混じって、「禹歩」をしていることが前提として了解されているのである。

5　啓母石はなぜ嵩山にあるのか

啓母石の場所から見て、嵩山と禹あるいは啓の間には何らかの関係があると思われる。

まず啓について見ると、有名なのは、禹の崩御後、啓が帝位を継承した点である。『孟子《もうし》』万章篇上によると、禹は後継者として益を帝位に薦め、七年で禹は亡くなった。三年の喪が終わり、益は舜の前例にならって禹の息子である啓を避けて箕山の北に隠棲した。ところが、朝廷の挨拶や政事の訴えをする者たちは、前例とはちがって益のところに行かず、啓のところへ行った、という。後漢の趙岐《ちょうき》（一〇八―二〇一）の注釈によると、益が隠棲した「箕山《きざん》」とは、嵩山の下の深い谷らしい。その具体的な場所はわからない。しかし、この話の舞台が嵩山近辺だとしても、啓が嵩山の麓の石から生まれる理由とはならない。啓の偉人の証明として石から出生したとされたのだろう。だとしても、その石がなぜ嵩山にあるのか、啓の事例だけではわからない。やはり禹と石になったその妻の話題が問題なのだ。

前掲の竹簡『容成氏』を見直してみよう。禹の国から四方を見て、南は楚だとすると、中央は河南省の黄河南岸、すなわち嵩山周辺ということになる。つまり戦国時代には、禹の国は河南省の黄河南岸にあったと考えられていたのである。だとすると、禹の伝説と嵩山の関連は、河南省の黄河沿岸を東西の軸として、そこを「中原《ちゅうげん》」と観念した空間意識に由来していると思われる。

それに気がつくと、この地域には禹に関わる伝説が多いことが想起される。例えば、啓母石から東南に数十キロ行くと、「禹洞《うどう》」という洞窟がある。私は啓母石を訪れた帰りに、そこまで行って洞窟の中に入ってみた。現地の人の話では、洞窟の底はどこまで続くか誰も知らない。戦時中、日本軍が来襲した時に、この地域の村人は、みなこの洞窟に避難した。日本軍は洞窟内部でたき火をして、村人をいぶり出そうとしたが、奥から風が吹いて、煙は外に出たので助かった、という。

また、そこからさらに南に行くと、「禹州《うしゅう》」という町がある。こうした地名は、上古にここが禹の国だったことの名残であろうか。地誌を調べてみると、この地名は明代から称されたらしい。「禹州」といい、「禹洞」といい、後世の人が勝手につけた名称なのである。

最近の考古発見によって、その禹州に、殷代（前十七世紀頃―前十一世紀末頃）以前の大きな城壁を備えた集落が存在していたと証明された。禹州の瓦店《がてん》という地点で、龍山文化晩期（殷初より数世紀前、前二十一世紀前後）の遺跡である。これは、この地が殷代以前の重要な宮殿跡地であることを示している。一部の考古学者は、ここを夏王朝初期に建てた都城に比定している（『禹州瓦店』）。だとすると、禹州に夏王朝の重要な都城や宮殿があった事実が伝承され、後世に禹の神話と結びついて、嵩山のあるこの地は古くから禹の国だったと考えられたのだろうか。ただし、中国社会科学院の許宏によれば、瓦店遺跡の時代に嵩山南側にあったこの時期の集落は十二ヶ所を数え、瓦店は最大だが、これらの軍事防御的性質は明らかだという。そうすると、相互に緊張関係だったわけで、統一的政治の秩序があったとは思えない。

ところで、二〇〇二年に発見された「豳《ひん》（遂）公盨《こうしゅ》」という青銅器の銘文には、天が禹に洪水を治める仕事を与えた、とはっきり述べられている。禹は単に洪水を治めて国土を安定させただけでなく、社会的な関係も創始したのであり、それは「徳」にもとづいている、という考えが見て取れる。このような社会の基幹に関わる重大な神話が、この青銅器の製作以前の素材を使わずに創られたはずはない。この青銅器は西周中期（前九〇〇前後）のものと考えられるから、禹の治水神話は、戦国時代より前、周王朝の早い時期から存在したと考えられるのである。つまり、周の政治と関係している可能性が高い。

このように周王朝が、それ以前の禹の伝説に基づいて、新たに禹の神話を創りなおしたとすると、禹の国が嵩山の南にあり、嵩山が禹の国の空間意識において中心だったという観念を、周が中原を経営するのに利用したのだと考えられる。

周の伝承を残す『逸周書《いつしゅうしょ》』度邑解《どゆうかい》によると、洛邑（洛陽）に成周をつくった時に、周王は「わたしは南に三塗のかなたを望み、北には嶽鄙のかなたを望み、振り向いては黄河のかなたを目にし、正面には伊水や洛水の眺めが広がって、天室からも遠くない」と述べた、という。南に「三塗山」（禹の妻の国）、北に「岳鄙」（太行山）、そして「天室」（太室山？）に近い。この表現は、『容成氏』に見えた空間意識に似ている。また、小南一郎によれば、「天室」とは天を祀る祭場のことで、太室山・少室山と関連するかもしれない、という（「帝から天へ」）。だとすると、嵩山を中国の中心にある山岳＝中岳と考え、それを背景とする場所、つまり嵩山の麓に「天室」があり、そこで周王朝の天の祭祀があったと考えることが可能である。禹が嵩山と関連するのは、このような「天室」＝中国の中央という思想に基づくのであり、太室山の麓にある啓母石は、こうした伝承に関係しているのかもしれない。

6　石から生まれたのは誰か

この神話について、顔師古は『淮南子』にあると言うが、現行の『淮南子』には見られない、ということは前述した。ところが、『淮南子』修務訓に「禹は石から生まれた」という言葉がある。禹が石から生まれたとすると、禹の息子の啓が石から生まれたという話は、父親の神話を反復していることになる。禹の息子の啓が、父親と同じように石から生まれるのは、それにふさわしい出生譚となる。果たして、石から生まれたのは父親の禹なのか、息子の啓なのか、それとも両方なのか。

これを考えるためには、『淮南子』修務訓の「禹は石から生まれた」という文言を検討しなければならない。幸い、清朝の考証学者である王引之《おういんし》が、この文言を詳しく解釈しているので、それを参考にしながら考えてみよう（劉文典《りゅうぶんてん》『淮南鴻烈集解《わいなんこうれつしゅうかい》』所引）。

「禹は石から生まれた」は、五人の聖人と四人の俊傑について、彼らが特殊な出生事情を備えた天才だったことを述べる文章の一段にある。世の中には、石から生まれたり、卵から生まれたりしたような神話的異才がいる。そういう人ならば天賦の能力を発揮できるが、そうでない我々凡人は学問を修めて自分を高めるしかない、とこの一段は主張している。これに対して高誘（三世紀初頭）の注釈は、「禹の母の脩己は、石に感じて禹を身ごもり、胸を裂いて出産した」と述べている。この注釈は、前漢末から後漢の讖緯《しんい》思想で語られた禹の出生譚に基づいている。『河図著命《かとちょめい》』によると、「脩己は流星を見て、意に感じて禹を生んだ」という。つまり高誘は、流星を「石」とみて、「禹は石から生まれた」の「石」は流星（隕石）のことだと考えたのである。つまり、禹は天から降ってきた星の精が、母親の胎内に入って人間の子供として宿った、というのだ。

しかし、流星を見て、その精が胎内に入って身ごもったことを「石から生まれた」と言うだろうか。高誘のこの解釈は、「禹は石から生まれた」という『淮南子』の記述を何とか説明しようと、石を星の精と考える観念（本章第2節参照）を導入したものにすぎないのではなかろうか。

『淮南子』のこの一段をよく読むと、「禹は石から生まれた」は、四人の「俊傑」を述べる文脈で登場する。つまり、禹は俊傑の一人とされている。ところがこれとは別に、五人の「聖人」を述べる文脈にも禹の話があり、「禹の耳には穴が三つあった。これを大通という」とある。「聖人」と「俊傑」の両方で禹に言及するのは、文章として不合理であろう。どちらかが誤りにちがいない。禹は聖人なのだから、「聖人」の説明だけに登場すべきである。そうすると、「俊傑」の「禹は石から生まれた」の「禹」は誤りで、「啓」の誤写だと判断できる。つまり、『淮南子』本文には、「啓は石から生まれた」とあったのであり、「禹は石から生まれた」ではなかったのである。

これに基づいて顔師古のコメントを読むと、彼が『淮南子』に見えるとした文には、塗山氏と禹のことが詳しく書かれ、啓が石から生まれたことを結論としていることに気がつく。このような書き方は、「啓は石から生まれた」を説明しているように見える。断定はできないが、顔師古のコメントが「啓は石から生まれた」の説明のためだとすると、『淮南子』に付加された部分か、あるいは注釈が混入したものではなかろうか。というのは、もし『淮南子』以前に顔師古のコメントした話がそのままあったなら、漢の武帝は、啓が石から生まれたことだけでなく、熊との獣姦も認めたことになってしまう。

7　塗山氏が石に化したのはなぜか

啓母石の神話は、構成要素の多くが戦国時代に登場していたことを上に見た。その構成要素を古い順に並べてみると、

・禹は治水をおこない、徳をもって政治をした（西周青銅器銘文）
・禹は塗山氏の女性と結婚して子供をもうけたが、治水の仕事に専念した（書経）
・禹の出自は熊である（春秋左氏伝・帰蔵・竹簡容成氏）
・啓は石から生まれた（淮南子）

これらの構成要素が組み合わされて、啓母石の神話はできている。これを組み合わせるにあたって、最も核心にあったのは、『淮南子』に書かれていたと思われる「啓は石から生まれた」である。啓が石から生まれたのは、英雄の出生神話としてあったのだろう。そのことと、古くから存在した、禹が塗山氏の女性と結婚した話とを整合させると、塗山氏の女性は石に化していないと啓は石から

生まれたことにならない。ここまでは、漢の武帝の時代にすでに組み合わされていたと考えてよい。しかし、啓の母が石に化した原因が獣姦だったとなると、漢の武帝がそのような石を崇敬したとは思えない。

ここで、女性が熊になった夫を見て恥じて石になった、という要素だけが、他の文献で裏がとれない。これは、顔師古が伝える文にだけ出てくる。この部分は、漢の武帝よりあとに付加された部分ではないかと推測した。つまり、禹が熊の出自で、熊のような生命力を持つという伝説が、禹の男性性の強調へと発展し、強すぎる男性に恥じる女性という設定がこの神話にもちこまれたのではなかろうか。

セクシャルな意味で強い男性が、女性を石にしてしまう話が、揚雄《ようゆう》（前五三―後一八）の作とされる『蜀王本紀《しょくおうほんぎ》』にある。

天為蜀王生五丁力士、能徙山。秦王献美女与蜀王。蜀王遣五丁迎女、見一大虵入山穴中、五丁并引虵、山崩、秦五女皆上山、化為石。

天は蜀王に五丁の力士（五人の力持ちの男）を授けた。彼らは山を動かせるほどの力持ちだった。秦王は蜀王が女好きなので五人の美女を贈った。蜀王は五丁を派遣して女たちを迎えさせた。ところが彼らは、一匹の大蛇が山の穴の中に入ろうとしているのを見つけて、五人で蛇を引っ張り出したところ、山は崩れてしまった。秦から来た五人の美女は、山の上でそれを見物していて、化して石となった。

（『芸文類聚』巻七）

「力持ちの男」「美女」「大蛇が山の穴の中に入る」など、明らかに男性性が強調されている。「山」は女性の身体の比喩《メタファー》なのだろう。この話の背後には、男女の山の神をめぐる民俗があったのかもしれない。『蜀王本紀』という書物が、本当に漢代の揚雄の作か断定はできないが、秦の女たちが石に化したことは、晋の道教学者である葛洪《かっこう》（二八三—三四三）『抱朴子《ほうぼくし》』論仙篇にも見える。したがって、晋代以前の伝承であることはまちがいない。そうすると、禹の妻が石になるのも、熊のような禹の男性性に対する恥じらいに起因していると考えられていたのであろう。

もう一つの要因として、石の固定性に関する観念が啓母石に読み込まれていた、とも考えられると言うのは、次のような話があるからである。

禹が塗山氏のむすめを嫁にしたことは、すでに『書経』に見えた。塗山氏が、嵩山の南にあったと思われる「塗山」という山と関連することは容易に気がつく。じつは、禹と塗山のむすめとのロマンスが、戦国末までには存在していたのである。秦の始皇帝の頃（前二三九）に編纂された『呂《りょ》氏春秋《ししゅんじゅう》』音初篇によると、禹は治水の仕事をおこなう間、塗山のむすめを見初めた。しかし禹は、まだ結納をしないうちに南土に巡ることになった。塗山のむすめはおつきの女をやって、塗山の北麓で禹を迎えさせて、「あなたを待っている」という歌詞を歌わせた、という。

塗山という山は、古くから山岳崇拝の対象だったらしい。『呂氏春秋』精諭篇に「福を三塗山に祈念する」という。塗山は無病息災を祈禱する対象となっていたのだ。そうすると、禹の妻は塗山の女神だったのであろう。この女神は、禹を待ち続けるという特性を持っている。それが禹の仕事熱心と結びついた。禹のワーカーホリックぶりは早くも『書経』に見えたが、戦国末までには、禹は仕事優先で「三たび其の門を過ぎて室に入らず」(『孟子』離婁下篇)ともされていた。

こうしたことを考慮すると、禹の妻が石に化したのは、もともと彼女の「待つ」という特性によるのかもしれない。男の帰りを待つ女が石に化すという話は、「望夫石」の伝説として、中国各地にある。一例として、劉義慶《りゅうぎけい》(四〇三―四四四)の『幽明録《ゆうめいろく》』に次のようにある。

武昌北山有望夫石、状若人立。古伝云、昔有貞婦、其夫従役、遠赴国難、携弱子餞送北山、立望夫而化為立石。

武昌の北山に望夫石があり、人が立っているかのような格好である。古い伝えにいわく、むかし貞節な女性がいた。夫が従軍して遠地での戦争に出かけるため、赤子を抱きながら北山まで見送った。立ち止まって遥かに夫を望んだまま、化して立石となった、という。

(『初学記』巻五)

この話は、『初学記』という初唐の類書に引用されており、唐代の詩人が好んで使う典故となった（詩人は詩を作るときに類書を使う）。「望夫石」という詩題で、李白や劉禹錫といった有名詩人が詩を作っている。これと同じように、禹の妻の塗山氏も、赤子をお腹に宿らせながら、公務にいそしむ禹を待ち続け、その結果、石と化したのではなかろうか。このように考えると、啓母石の神話の内容が、妻と夫の関係に偏っているのも理解できる。これを漢の武帝が祀ったのは、嵩山を崇敬するとともに、皇帝の職務にいそしむ訓戒とし、女性の貞節を重んずる含意があったと解釈できる。

つまり啓母石の神話は、次のように解釈が更新されたと推測される。塗山氏は禹を待ち続けて石になった→塗山氏は熊を出自とする禹の男性性の強さ（「陽」が強すぎ）に恥じて石になった→禹は本当に熊に変身し、だから塗山氏は熊の子供を宿し、それを恥じて石になった。この解釈の更新には、啓の地位の下落（『淮南子』のテキストの変更）が関係していた。それとともに、人が石になったり熊になったりしうるという想像力《イマジネーション》が、前漢末から後漢にかけて、五行思想や讖緯思想の流行によってもたらされていたことが関係していると思われる。

8　巨石と女性

ここまで、啓母石を考えることを通して、石に関するいくつかの観念を概観してきた。

科学的に考えると、啓母石が太室山から離れた場所にポツンとあるのは、おそらく氷河期に山から墜落した巨岩が、氷河に乗って運ばれて、山から離れた所に到着したのであろう。岩がパクリと割れたのは、石の割れ目に浸みた水分が凍ったためである（水分は凍結すると堆積が増え、岩のひび割れを押し広げる）。

このような孤立した巨岩は中国各地にあり、そうした巨岩の多くが、水分凍結のためにパクリと割れている。石は、丸みがあることや陰性であることと相まって、女性のイメージと結びついたのである。

その一例として、本節の最後に、魏華存《ぎかそん》という女神に関わる巨石を紹介しておこう（上図）。これは、黄河を挟んで嵩山の北である山西省の太行山の南麓にある。山麓の平地にポツンと転がっており、真ん中からパクリと割れている。魏華存は晋代の実在の女性で、道教の指導者だったが、後に女神として尊崇された。この石は魏華存が化したものではないが、やはり石に対する崇拝の表われである。彼女は、老子と神通力の競い合いをおこない、老子が投げつけた巨石を神通力で半分に割った、それがこの石だ、と現地では言われている。今でもこの石は、道観（道教寺院）の本殿の裏庭にあり、逆に言えば、その石を基点に建築配置がされ、石の割れ目の上に祭祀施設が作られ、女性の道士たちがお祭りをしている。

魏華存の石、右側は沁陽市二仙廟（魏華存を祀る道観）

2　黄石公

禹よりもさらに遡る上古の聖人である堯帝の時代、五つの星が天から降ってきたことがあった。一つは山東の穀城山《こくじょうざん》のふもとに落下した。それは土星の精で、人に化して圯橋《いきょう》老人となった。一つは湖北の荊山《けいざん》に落下した。それは宝石に化したが、見た目にはただの石ころだった。戦国時代に卞和《べんか》という者が手に入れて、その石がじつは宝石であることを見抜き、楚王に前後二回献じた。しかし、その石は磨かれていなかったため、献上するたびに、ただの汚い石と思われた。卞和は詐欺をはたらく者と誤解されて、石を献上するたびに足を一本ずつ切断された。両足を亡くした卞和は、王が次の代になったので、この石を荊山の麓で抱きかかえて哭泣した。なぜ泣いたのかと言えば、新しい王に石を献上しなければ、すばらしい石を所持しながら、それを私有して王の宝にしないという悪徳を働くことになる。しかし、王に献上して石の価値が分からなければ、今度は足の切断では済まない。しかし新しい王は、彼の行為を見て、石の目利きに磨かせたところ、やっとそれがすばらしい宝石だとわかった。その宝石は横から見ると紺碧で、正面から見ると白色だったという。後世から「和氏《かし》の璧」とよばれ、優れた人材が見た目は愚鈍に見えることの喩えとなった。これは木星の精である。

一つは南海に落ちた。これが落下した時は大火球となり、その光は百里の距離まで輝かし、天空を真っ赤に染めた。その落下した地はへこんで水がたまり、珠池とよばれた。これは火星の精であった。

一つは長安の南の終南山にある太白山とよばれる山に落下した。それは化して白石となった。その白石は美玉のようにしっとりし、時には紫気《パープルヘイズ》を帯びた。これは金星の精であった。ちなみに、唐の玄宗皇帝は、太白山の白石を使って老子の像を複数作った。開元二三年（七三五）に日本の遣唐使である中臣名代《なかとみのなしろ》が、玄宗に天尊像（老子像）を乞うた（『冊府元亀《さっぷげんき》』巻九九九）。それは、当時の通例からすれば、おそらくこの太白山の石を彫った像だったと思われる。それが、日本に伝来したかは不明である。

一つは西の方、張掖《ちょうえき》郡に落ちた。これは化して黒石となった（この近辺では夜光石という黒い石が採れる）。漢代の末ころには文彩が生じてきたが、それほどはっきりしなかった。三国時代の魏の青龍年間になると、突然、百里の遠くまで轟くほどの雷鳴が起こり、その石は自然とつき立った。色も白色となって、牛や馬や仙人の絵、玉の環の模様と文字が浮かび上がっていた。これは水星の精であり、司馬氏が晋王朝を打ち立てる予兆となった。

以上は、唐末の道士である杜光庭《とこうてい》（八五〇―九三三）が集めた『録異記《ろくいき》』に出ている話を述べたもの。これらの隕石は、土・木・火・金・水の惑星の精であり、五つの元素＝五行を代表している。この五行は、王朝の象徴でもあり、王朝の交替は五行の巡りにもとづく。石はそのような象徴の素材に使われている。それゆえ隕石の墜落は、天からのメッセージでもあった。

本節では、この五つの石のうち、山東の轂城山に墜落したものを追跡する。それを通して、天から落ちてきた石の持つ含意を考えてみたい。

1　隕石の持つ意味

まず、天から落ちてきた石＝隕石がもたらす象徴的意味を見ておこう。

およそ隕石は、天にある星が落下したものとされた。古い中国の考えでは、星は落下すると、鉄や砂や草など色々な物になる。普通は石になるが、石は陰気の性質を持つから、星が降ってきて石になるのは、「陰」の気と関連する徴候だとされた。「陰」は「下」であるから、ある場合、隕石は下々の民草が下から上を打倒すること、つまり革命の象徴ともなった。

一例をあげよう。始皇帝の三十六年（前二一一）と言えば、その亡くなる一年前、東郡に隕石が落下した。それを見つけたある者が、隕石に文字を刻した。いわく「始皇死して地分かる」。つまり、始皇帝はまもなく死んで、天下は再び分裂する、というのだ。天から降ってきた石に、このような文字があったとしたら、恐ろしい予言となるだろう。

この事件を、『漢書』「五行志」は、同年に起こった次の異変と結びつけて解釈している。

始皇三十六年、鄭客従関東来至華陰、望見素車白馬従華山上下、知其非人、道住止而待之。遂至持璧与客曰、「為我遺鎬池君。」因言「今年祖龍死。」忽不見。鄭客奉璧、即始皇二十八年過江所湛璧也。

始皇三十六年のこと、鄭客という者が関東〔洛陽側〕から華陰〔秦の首都の咸陽側〕にやってくる途中、はるかに華山の山上から、白い馬が白い車を引いて降りてくるのが望見できた。鄭客はその尋常ならざる有様に、これは人ではないと悟り、道に止まって待った。白い車に乗る者がやってくると、璧を取り出して鄭客に与えて言った。「私のかわりに鎬池君《こうちくん》に差し上げてほしい」。さらに言葉をついでつぶやいた。「今年、祖龍は死す」。そして、ふと見えなくなった。鄭客がその璧を見てみると、始皇帝が二十八年（前二一九）に長江を渡った時に沈めた璧であった。

（『漢書』「五行志」）

「璧」は均質な石でできた玉器で、平たい円盤状、中心に穴があり、朝聘や祭祀・喪葬の時に使う。素材の石（玉）に不純物がなく、加工も完全なものを「完璧」という。始皇帝がそれを長江に沈めたのは、渡河の安全と治水を長江の神に祈ったのである。長江の神は、それを鎬池君に渡せと託した。

これは一種の謎かけである。同様な話が『史記』秦始皇本紀にも載っており、長江の神ではなく華山の神としている。『史記』の注釈（三国時代の張晏《ちょうあん》）によると、「鎬池君」とは、周の武王が長安の西にあった鎬に居住したので、周の武王を指す。そして、「祖龍」の「祖」とは「始」、「龍」は「皇帝」であるから、「祖龍」は始皇帝を指す。つまり、始皇帝は殷の紂王のごとき暴君であるから、今年のうちに周の武王のごとき人物が革命を起こし、始皇帝は滅ぶ運命だ、というのである。だから、鎬池君に渡される璧は、始皇帝の喪葬を意味している。

『漢書』「五行志」は、この二つの現象を、陰陽のアンバランスがもたらしたものと考えている。つまり、石は「陰」であり、それに異変がおこったのは、「陽」である皇帝が強すぎ、独裁によって暴虐を犯しているために、下々の民草＝「陰」がそれに調和しなくなった結果だというのだ。こうしたことから、隕石は「陰」の気であり、その異変は「陰」の部類、ここでは下々の民草の異変の象徴であることがわかる。

また、この隕石に文字が刻まれた点にも注意すべきである。石は本来、ものを語らないはずであるが、その石に文字が現われる。この点について再びジン・ワンの指摘を参照しておこう。

天と地の媒介者として、文字を刻んだ石は一般的に、不思議な出来事を予言したり、特権者に神の恩恵を与えたりするための特別な発話形式――書き言葉あるいは話し言葉――と見なされる。このような神話論理は、真の天啓と人が正当化のために行う捏造とのあいだの奇妙な相互作用に基づいている。［…］ありのままの石が純粋な神性の直接的具現であるという古代の信仰は徐々に崩れていった。その代わりに起こったのが、神の命令が書かれた言葉――人の言語活動のしるし――という媒介を通して表れた、文字を刻んだ石への関心である。［…］（原始の石の神的効力は）次第に、文字で書かれた謎というかたちで人間的かつ人為的／文化的なものの加工を経た、文字を刻んだ石へと展開したのである。石と人間の活動との親近性が深まったことは、生命あるものの、とどのつまりは人間の、主たる特徴を具えた不思議な石の出現を準備することになった。
（『石の物語』、一一三―一一四頁）

つまり、石の神話的な力が、石に刻まれた文字というかたちに展開したことを指摘している。この指摘を、上述の隕石の事例によってさらに演繹すれば、隕石に文字が刻まれるというかたちから、次第に隕石が人となるかたちに展開し、隕石に文字が刻まれる代わりに、その人が書物を著わす、という方向に展開することになるであろう。堯の時代に山東の穀城山に落下した隕石は、この点から考えることができる。

2　黄石公と張良の師弟関係

この石は、人に化して圯橋老人となったという。圯橋老人とは誰か。この老人は石の化身であるから、前述のように革命に関連している。

始皇帝の死後、各地で暴動が起こったが、その中で項羽《こうう》と劉邦《りゅうほう》が頭角を現し、最終的に劉邦が中国を統一に持ち込む。その劉邦に仕えた参謀として有名な人物に張良《ちょうりょう》がいる。彼が見事な参謀ぶりで活躍したのは、圯橋老人黄石公から兵法を教わったためだった。司馬遷は『史記』留侯世家で、張良の伝記と絡めながら、圯橋老人と張良の出会いを見事な筆致で描いている。

張良の祖父と父は韓の大臣を務めた。韓は、今の黄河が洛陽を流れる西北側あたりを支配した戦国列強の一つである。彼の父親は紀元前二五〇年に亡くなり、その後二十年して韓は秦に滅ぼされた。彼はこの仇を討つために、先祖代々の家財をなげうって、秦王（のちの始皇帝）暗殺のチャンスをうかがっていた。友人の紹介で、数十キロの物も投げ飛ばせる力士を手に入れ、秦王に鉄槌を打ち下ろそうと企んだ。砂地で秦王の車のスピードが落ちる所を捜して待ち伏せ、暗殺を実行した。鉄槌は秦王の車をはずれ、侍者の車にあたってしまった。秦王は激怒し、徹底的な捜索を開始した。張良は姓名を変え、南下して江蘇の下邳《かひ》という所に亡命した。

ある時、彼が下邳の橋を歩いていると、粗末な格好の一老父と行き会った。老父は彼の前で靴を脱ぎ、橋の下に投げ落として言った。「おい若いの、降りていって靴を取ってこい」。彼は驚き、老父をぶん殴ろうと思ったが、相手が老人なのでぐっと我慢し、靴を取ってきてやった。すると老父は言った、「わしに靴をはかせろ」。張良は、靴を取ってくるところまでやったからと思い、ひざまずいて老父に靴をはかせてやった。老父は靴をはかせてもらい、にやにやしながら去って行った。張良は大いに驚き、老父の後ろ姿をじっと見つめていた。すると老父は、途中から引き返して来て、張良に言った。「おまえは教え甲斐がありそうだ。五日後の明け方、またここで会おう」。さて、張良がその時間に行くと、老父はすでに待っていた。怒って言うには、「年寄りと待ち合わせをして遅れるとは何事か。今日はだめだ。五日後にしよう」。張良は、今度は夜明け前の暗いうちに行った。ところが老父はもう来ていて、また「年寄りと待ち合わせをして遅れるとは何事か。今日はだめだ。五日後にしよう」と言った。そこで次に張良は、夜半前に現地に行って、老父を待つことにした。しばらくすると老父がやってきて、うれしそうに言った。「こうでなくてはいかん」。そして、竹簡を編んだ書物（当時は紙の書物はまだない）を取り出して言った。「これを読めば帝王の師となり、後十年で出世する。十三年したら、おまえは再びわしに会うだろう。済北の穀城山のふもとの黄石こそがこのわしだ」。他には何も語らず、そのまま別れた。夜が明けてからその書物を見ると、「太公兵書」であった。彼はこれを大切にし、くりかえし読んで暗誦した。

『史記』では、その後、張良が劉邦の参謀として活躍した話が続くが、これは省略する。司馬遷は伝記の最後に、張良の天才的能力の源泉である「太公兵書」を与えた老父に言及する。

子房始所見下邳圯上老父、与太公書者、後十三年、従高帝過済北、果見穀城山下黄石、取而葆祠之。留侯死并葬黄石塚。毎上塚伏臘祠黄石。［…］太史公曰、学者多言無鬼神、然言有物。至如留侯所見老父予書、亦可怪矣。

張良が始め下邳の橋の上で出会った、「太公兵書」を与えた老父だが、その後十三年して、張良が劉邦に従って済北に立ち寄った時、果して穀城山のふもとに黄石があった。彼はそれを持ち帰って宝としてお祭りした。彼が死ぬと黄石の塚に合葬した。子孫たちは、墓参りと夏冬の祭事には黄石もお祭りする習いであった。〔…〕太史公司馬遷いわく、学者は鬼神などいないと言うが、物の怪はいると言う。留侯が出会った、書物を与えた老父などは、やはり物の怪と言うべきか。

（『史記』留侯世家）

司馬遷は、黄石が化けた老父を「物の怪」（原文「物」「怪」）としているが、おそらく張良の事跡が伝えられていた当初から、彼の天才について数多くの伝説が語られていたのであろう。司馬遷は「述べて作らず」「怪力乱神を語らず」（『論語』の孔子の言葉）をモットーとするので、そうした伝説は削ったが、石が老父に化けることはあり得ると考えたのである。

しかし、これだけでは物足りない気分になる。いったい、この老父はどこから来て、なぜ兵書を与える青年を探していたのか。この答えが必要なのである。

3　黄色い石の神秘化

前漢末から後漢頃の緯書『詩緯《しい》』では、圯橋老人は黄帝の師である風后の化身であり、張良に書を授けた後、黄石に化したという（司馬貞《しばてい》『史記索隠《しきさくいん》』所引）。つまり、天の五行の巡りを実現すべく、黄帝の代理として、黄色の徳の天子の老師を探していた、ということになる。前漢中頃から後漢にかけて、五行思想による神秘的な解釈が行なわれていたことは、上に隕石の解釈でも示した通りである。
その後、圯橋老人の話は、唐末までに道教の諸要素を受けて、次のような話に発展した。

帝堯時、有五星自天而霣。一是土之精、墜於穀城山下。其精化為圯橋老人。以兵書授張子房、云読此当為帝王師、後求我於穀城山下、黄石是也。子房佐漢功成、求於穀城山下、果得黄石焉。子房隠於商山、従四皓学道、其家葬其衣冠于黄石焉。古者常見墓上黄気高数十丈、後赤眉所発、不見其尸、黄石亦失、其気自絶。

帝堯の時、五つの星が天から落ちた。その一つは土の精であり、穀城山のふもとに墜落した。その土の精は姿を変えて圯橋老人となり、兵書を張良〔字は子房〕に授けて、こう言った。「これを読めば帝王の師となることができる。あとで私を捜したければ、穀城山のふもとにある黄色い石こそ私だ」。張良は漢王朝を助けて功成り名立ち、穀城山のふもとに老人を捜し求めると、果して黄石を見いだした。その後、張良は商山〔西安の南、終南山を越えた湖北省側にある〕に隠棲し、四皓〔四人の白髪の老人〕について道を学んだ。張良が亡くなると、張家は衣冠を黄石の下に葬った。その昔は、墓の上に黄色い気が高さ数十丈にまで立ち上っていた。のちに赤眉の乱〔一八年〕で墓はあばかれたが、亡骸は無くなっていた。黄石も行方不明になり、かつて立ち上っていた黄色い気も上がらなくなった。
（『太平広記《たいへいこうき》』巻三九八「黄石」、『録異記』に基づく）

これが冒頭に示した『録異記』の原話であり、読者が『史記』留侯世家を知っていることを前提にしている。つまりこの話は、『史記』では説明されていない、圯橋老人がどこから来て、なぜ兵書を授けたのか、という問題に答えを提供する伝説なのである。その時に、石が「陰」の性質であることに基づきつつ、そこに「黄」という特性を付加し、土星の精が土徳の漢王朝を助ける、という五行の論理を強調している。

また、張良の墓が暴かれた時、墓内に亡骸がなかったという。当時は土葬であるから、白骨の亡骸が残留していたはずだ。それがなぜ無いのか。じつは、張良は道教の術を習得していたために、いったん尋常な死亡と見せかけて、肉体ごと昇仙したのである。だから、棺桶の中はもぬけの空《から》だった。これを道教で「尸解仙《しかいせん》」という。黄石も行方知れずになったというのは、黄石公も昇仙したのである。

ということは、張良が黄石公から授かった書物には、兵法だけでなく、仙人になる道も記されていたことになる。つまり、張良の伝説が道教的に解釈しなおされている。このような再解釈は、早くも後漢にはおこなわれていた。晋の葛洪は次のように述べている。

按『孔安国秘記』云、「良得黄石公不死之法、不但兵法而已。」又云、「良本師四皓、甪里先生、綺里季之徒、皆仙人也。良悉従受其神方、雖為呂后所強飲食、尋復修行仙道、密自度世、但世人不知、故云其死耳。」如孔安国之言、則良為得仙也。又漢丞相張蒼偶得小術、吮婦人乳汁、得一百八十歳。此盍道之薄者、而蒼為之、猶得中寿之三倍。况於備術、行諸秘妙、何為不得長生乎。此事見於漢書、非空言也。

『孔安国秘記』には次のようにいう。「張良が黄石公から授かったものは、不死の法でもあり、兵法だけではなかった」。同書にさらにいう。「張良は四皓を老師としたが、甪里《ろくり》先生、綺里季《きりき》らは、いずれも仙人である。張良は彼らからその神仙の薬方を授かったおかげで、呂后から無理に食べさせられても、そのあと仙道を修行して、密かに昇仙した。ただ、世人はそれがわからないから、死んだと言っているだけだ」。もし孔安国の言葉の通りなら、張良は仙人になったのだ。ほかにも、漢の丞相だった張蒼は、たまたまつまらない方術によって、すなわち婦人の母乳をすすって百八十歳まで生きた。これは軽薄なやり方ではあるが、それでも普通の三倍の長生きである。ましてや張良のように、秘密の法術を実行していたなら、長生を得ないはずがあろうか。このことは『漢書』に見えることであって、空言ではない。

（『抱朴子』内篇巻五「至理」）

『孔安国秘記《こうあんこくひき》』は、後漢ころに作られた讖緯書《しんいしょ》の一種である。葛洪はそれに基づきつつ、張良は神仙になったと主張している。『史記』によると、張良はもともと虚弱体質だったため、「道引して穀を食わず」という療法をおこなった。「道引」は「導引」とも書き、体を動かすことによって体外から「気」を導入すること、いわば一種の呼吸法、ストレッチングである。穀物を食べないのは「辟穀《へきこく》」ともいい、やはり穀物が持っている悪い「気」を体内に入れないようにすること。つまり、人間は自然界と同様な「気」から成っており、それを新陳代謝させることによって、健康になりうるという考えである。

「辟穀」も「導引」も戦国末から漢代にかけて発展した養生術である。このような養生術は、後世、道教の術に吸収された。道教では、「気」の新陳代謝によって身体を軽くし、自然界と同じ永遠性を獲得すれば、昇仙できると考えられた。「呂后から無理に食べさせられ」とは、劉邦の妻の呂后が、ご意見番の張良の存在を煙たく思い、張良が導引と辟穀の道術によって長生きしようとしているのを妨害するため、しょっちゅう宴会に招いて無理にご馳走を食べさせたことをいう。逆に言えば、呂后も導引辟穀の効果を信じていたのである。

呂后の妨害もうまくかわした張良は、天寿を全うした。乱世に国師を務めるとなると、天災や病気だけでなく、戦争や暗殺などで命を落とす危険性も高い。そんな立場にいながら天寿を全うしたのも、圯橋老人黄石公のおかげにほかならない。それゆえ、後漢以降に道教が生成発展すると、天命を尊重して養生に心がける道教の修行者からも、張良は尊敬を受けることになる。かくして、『史記』に記された張良の道術の実践が、道教と結びつけられ、張良は道教の先達ということにされた。そしてその教えは、天から降ってきた石に教わった、ということになる。このような考え方は、道術が天＝宇宙と結びついているという道教の思想とよくマッチする。

4　黄石公と張良と道教

　後漢末になって、四川で五斗米道《ごとべいどう》という宗教教団が興起した。その教祖は張道陵《ちょうどうりょう》というが、名字が張良と同姓であり、張良の子孫とされた。これは、単に同姓によるだけではなく、張良が道術の先達だからでもある。興味深いことに、張道陵が神から道術を授かるその場に、張良は神として降臨し、彼を道教の教えに導くのである。それは、黄石公が張良に兵法の書物を伝授したという『史記』の話を踏まえながら、張道陵の神秘体験として、もっと宗教的に描き直される。それが、五斗米道（天師道）の教団の根拠地である「二十四治」を説明した『二十四治図』（『雲笈七籤《うんきゅうしちせん》』巻二十八）に見える。

　それによれば、張道陵は、沛国《はいこく》豊県（江蘇省）の人で、役人として厳しく誠実な仕事ぶりだった。その一方で、養生を心がけて薬草を食べ、神仙を探し尋ねた。漢安元年（一四二）、後漢王朝の詔を受けて官職の異動を命じられたが、養生を優先して異動に従わず、解任された。その後、四川の益州という所に移った。その年、蜀郡臨邛《りんこう》県の渠亭山《きょていざん》にある赤石城という山中で瞑想していた。「赤い石の城」とは、おそらく赤っぽい奇岩が突き立つ断崖なのであろう。五月一日夜半過ぎに、彼が瞑想していると、千乗万騎が赤石城の前にやって来るのを目にした。貴人の車に龍虎や鬼兵が従っている。彼らは張道陵の前に立った。その貴人は五人いたが、その一人は張良であった。張道陵は彼らによって導かれ、太上老君（神格化された老子）に面会する。そして「正一盟威《しょういつめいい》の道」という道術が書かれた書物を授かった。彼はそれを学んで実践し、「国師」となって、世界に跋扈する「鬼気」（病気など不幸の原因をなす悪い気の神格化されたもの）を撃退し、人々を養育することになった。つまり天師道によって人々を救済するのである。

この張道陵と張良の出会いの話には、張良と黄石公の出会いの反映がある。張道陵が、人の世界を超越した者と突如遭遇できるのは、普段から神仙を慕い、養生に励んでいたからである。張良が黄石公に出会ったのも、張良が導引辟穀の道術を修めていたからなのであろう。そして、人を超越した者から書物を授かる点も同じであり、それを読んで道を得て、「国師」となって人々を救う（張良も天下を統一に導いた）点でも同じである。その一方で、相違する点もある。まず相違するのは、黄石公が張良に靴をとらせ、待ち合わせ時間を提示する、すなわち試験を課す点である。張良は黄石公の態度に腹を立てたが、敬老精神を発揮し、始めたことを完遂した。もし遅刻もしていないのに怒られたからといって、張良が途中で心変わりしていたら、黄石公は兵法の虎の巻を授けなかっただろう。張道陵の神話では、そうした試験がされてない。

しかし、張道陵の別の伝記では、黄石公のやり方が踏襲されている。『史記』では、黄石公は靴を使った試験を二回、敬老精神に関する試験を三回やった。張道陵の別の伝記『神仙伝《しんせんでん》』（『雲笈七籤』巻一〇四）では、王昇という弟子に伝授する際、張道陵は七回にわたって試験を課す。第一回の試験で弟子は、四十日間も罵倒され続けなければならない。それでも腹を立てず平然としていられて、はじめて第二回の試験に進める。第二回以降は、猛獣に襲われても逃げず、美食が放置してあっても手をつけず、美女に誘惑されても色欲を生ぜず、断崖絶壁に生える桃を採らされても恐れず、何があっても心を動揺させてはならない。

この試験は、黄石公が張良に課した話を踏まえながら、仏教で釈迦が瞑想において色々な挑発を受けた話を合成しているようである。言うまでもなく、芥川龍之介の翻案で有名な唐代の伝奇小説「杜子春伝」の物語にもつながっていく。

もう一点、張道陵における出会いは、宗教的神秘的な色彩が強い点である。張良の場合、黄石公との出会いは橋の上においてであり、橋が異界との境を想起させるものの、むしろ日常的な場面でふと異人に出会う設定がおもしろい。ところが張道陵は、山中で瞑想していて神人の降臨に遭う。黄石公は、石が化した神人でありながら、いや、そうだからこそ、見かけは粗末な老人にすぎない。その反対に張良は、『史記』で描かれたような鬼才の人物ではなく、尊い貴族か官僚のような様子で降臨する。このあたりに、戦国時代以来の諸子（特に老荘思想）の香りを残す『史記』と、後漢以降に人間界の官僚組織のアナロジーで神々を構想した道教の発想の相違が感じられて、興味深い。

5　張道陵の神話と張良・黄石公

ところで、張良が張道陵の前に降臨するこの話は、いつごろできたのだろう。北周に成書した道教の百科事典『無上秘要《むじょうひよう》』に同じ引用文が見える。この書物は、それ以前の古い道教経典から文を集めているから、おそらく六朝時代の中頃には、この話は存在していた。四二〇年頃に成立したとされる天師道の経典『三天内解経《さんてんないかいきょう》』巻上にも、後漢の世がしだいに衰えたので、太上老君（老子）がこれを憐れんで、「張良の子孫である張道陵」に「道気」（宇宙の根源的力から流れ出る気）を授けて漢の世を助けさせた、とある。

あるいは、この神話は張道陵にかなり近い時期に作られたのかもしれない。五斗米道は、後漢末、張道陵の孫の張魯《ちょうろ》の時に、四川省に五斗米道の宗教王国を作り、独立状態を三十年近くも続けた。教会の置かれた二十四治が備わったのも、張魯の時代だと考えられる。その張魯が、「国師」たる張道陵の権威づけのために、漢の「国師」となり、道教の先達とも言える同姓の張良を先祖に担ぎ出し、この話を作ったものと考えられる。

かくして、張良の先生たる黄石公も五斗米道と関連させられるようになる。晋代の伝説を集めた干宝（?―三三六）の『捜神記《そうじんき》』によると、益州には黄石公の霊を祀った洞窟があった。

益州之西、雲南之東、有神祠。刻山石為室、下有人奉祠之。自称黄公、因言此神、張良所受黄石公之霊也。清浄不烹殺、諸祈禱者、持一百銭、一双筆、一丸墨、置石室中。前禱乞。先聞石室中有声、須臾、問来人何欲。既言、便具語吉凶、不見其形。至今如此。

益州の西、雲南の東に神祠がある。山石を開鑿して石室を作り、その下でお祭りをした。「黄公」と自称しており、そのためこの神は、張良が教えを受けた黄石公の霊だと言われている。清浄で動物を殺して犠牲とすることはせず、祈禱する者たちは、一百銭と筆一本と墨一つを持って、石室の中に置いて、入って祈禱する。するとまず石室の奥から声が聞こえ、しばらくすると、来意を聞かれる。それを述べると、吉凶を詳しく語ってくれるが、その姿は見えない。今に至るもこのように続いている。

（『太平広記』巻二九四「黄石公」）

筆と墨は供え物なのか、それで神降ろしを書くのか、わからないが、張良に一篇の書を授けた黄石公らしいアイテムではある。この場所、益州は『史記』の張良と黄石公の物語には登場しない。どうしてそこに黄石公の霊が出現するのか。この地は、『二十四治図』で見たように、張道陵が官界を去った場所であった。それゆえ、張道陵との関係で、張良の先生である黄石公までがここに出現するのである。

またこの祠は、動物を殺して犠牲にしないことが特筆されている。これは五斗米道（天師道）の特徴でもある。当時の民間の祠などでは、酒や肉が備えられていたが、五斗米道では当初から酒や肉を供えることに反対していたのである（『三天内解経《さんてんないかいきょう》』）。ただし、黄石公に関するこの資料は珍しい例で、その後の天師道でも黄石公が尊重されたかどうかは不明である。

6　石が書いた本

後世の人々の関心としては、黄石公が張良に授けた書物の内容が気になる。黄石公の書物は、ものを語らないはずの石が書いたのであり、天啓に他ならない。したがって、その書物を手に入れれば、天下をわがものとすることも可能なはずだ。かくして、石が書いた本は権威となった。しかし、それは「神的効力」を持つはずだった石の発話からすれば、神性の喪失であった。
隋までに朝廷に伝わった典籍のリスト『隋書《ずいしょ》』「経籍志《けいせきし》」には、次のような書物が兵法書として黄石公に関連づけられている。

『黄石公内記敵法』一巻
『黄石公三略』三巻
『黄石公三奇法』一巻
『黄石公五塁図』一巻

『黄石公陰謀行軍秘法』一巻
『黄石公兵書』三巻

このように色々な書名が伝わっているのは、一人の著書としては非常に広く読まれたことを意味する。言わば、石が書いた本がベストセラーになったということである。この中では『黄石公三略』が最も有名であり、なんと日本で現在まで伝わり、訳本が文庫となって書店に並んでいる。もちろん、もとが神話の中の書物であるから、これらは全て後世の捏造である。

捏造とはいえ、『隋書』に出ているということは、文献学的には相当に古い。現在伝わっている『三略《さんりゃく》』が、隋より以前の形をどれほど伝えているかは研究を待たねばならないが、黄石公の著書とされるものは、前漢末にはすでに存在したらしい。というのは、『後漢書』に見える光武帝の詔の文に、『黄石公記《こうせきこうき》』という本が引用されているからである。

黄石公記曰、「柔能制剛、弱能制強。」柔者徳也、剛者賊也、弱者仁之助也、強者怨之帰也。故曰、有徳之君、以所楽楽人。無徳之君、以所楽楽身。楽人者其楽長、楽身者不久而亡。

『黄石公記』にいわく、「柔能く剛を制し、弱能く強を制す」。柔とは徳であり、剛とは賊である。弱とは仁の助けであり、強とは怨みの帰結である。だから次のように言われている。

有徳の君は、自分が楽しむことによって人を楽しませる。無徳の君は、自分が楽しむことによって自分の身を楽しませる。人を楽しませる者は、その楽しみが永遠であり、自身を楽しませる者は久しからずして亡ぶ。

（『後漢書』巻十八）

『黄石公記』の引用とはっきりわかるのは、「柔能く剛を制し、弱能く強を制す」の部分である。この言葉は現行の『三略』にも見え、日本で柔道のモットーとして有名だ。その後の「だから次のように言われている」以下の文も『黄石公記』の引用だと思われる。この前半の一句「有徳の君は、自分が楽しむことによって人を楽しませる」は、上古の黄帝が養生を説いたとされる『黄帝陰符経《こうていいんぷきょう》』の、その唐の李筌《りせん》の注に『三略』の言葉として見える（じつは北宋の袁淑真《えんしゅくしん》の注である）。その原文の「人」と「身」、「長」と「亡」がそれぞれ脚韻を踏んでいるから、この部分はセットで言い伝えられた言葉である。おそらく、古くから黄石公の言葉とされていたのであろう。

そうすると、石が人に化してこの世に現われた圯橋老人黄石公は、張良の物語とともに二千年以上の生命を保持したばかりか、彼の著書も、後漢の光武帝以来、二千年間、読者を持ち続け、東海の果てにいる日本人にも愛好されてきたわけである。それは、石が書いた書物として、「神的効力」を偽装しつつ、実際はその効力を失っていたことになる。しかし、その一方で、これは黄石公の神的効力とも言える。なぜなら、黄石公の書物には、不老不死の仙人になる道も書かれていたと言われているが、以上の事実こそ、彼が不老不死だったことの証明となるからである。

3　太湖石と洞天

上海や蘇州に行ったことのある人なら、必ずや豫園《よえん》や留園《りゅうえん》といった中国庭園を見たことがあるだろう。池と水流を囲むように回廊があり、とりどりの植物が配され、ところどころに岩で築山が作られている。その間を、さまようかのごとく歩いて回る。じつに優雅で気持ちのよい空間設計である。その庭園では、石が重要な構成要素になっている。石は山のメタファーであり、庭園は奥深い山水の境地を表現している。このことは中国人のみならず、日本人にとっても受け入れやすい美学である。しかし、そんな美しい庭園に立っている奇怪な石、いわゆる太湖石《たいこせき》を見た日本人の多くは、その無機的な表現に驚かされる。岩肌はぼこぼこと突き出て、至る所に穴があいている。重力に反した立ち姿は、どこか不気味な人影のように見える。どうしてこんなものが、美しい庭園にふさわしいとされるのか。

蘇州留園の太湖石

太湖石が尊重されるようになったのは、中唐の頃である。太湖石を愛した有名詩人で、その後に大きく影響したのは白居易《はくきょい》（七七二—八四六）だった。彼の「太湖石記」の一節に、当時、彼の友人で宰相だった牛僧孺《ぎゅうそうじゅ》（七七九—八四七）が庭園に置いていた太湖石を描写した部分がある。

東第南墅、列而置之。富哉石乎、厥状非一。有盤拗秀出、如霊丘鮮雲者。有端厳挺立、如真官神人者。有縝潤削成、如珪瓚者。有廉稜鋭劌、如剣戟者。又有如虬如鳳、若跧若動、将翔将踴、如鬼如獣、若行若驟、将攫将闘者。風烈雨晦之夕、洞穴開噎、若欱雲歕雷、嶷嶷然有可望而畏之者、烟霽景麗之旦、巌㟧霮䨴、若払嵐撲黛、靄靄然有可狎而玩之者。昏旦之交、名状不可。撮要而言、則三山五岳、百洞千壑、覼縷簇縮、尽在其中。百仞一拳、千里一瞬、坐而得之。此其所以為公適意之用也。

東の離れの南の庭に、太湖石を並べてある。色々な石があるものだ。その形はさまざまである。曲がりくねったり凹んだりして盛り上がっているさまが、まるで霊妙な丘陵か入道雲のような石。すっきりと伸び上がって立っているさまが、まるで道士か仙人のような石。緻密で潤いがあって切り立っているさまが、まるで玉《ぎょく》の棒のような石。角がとがって鋭いさまが、まるで矛か剣のような石。龍蛇のような石や鳳凰のような石、うずくまるような石や動き出しそうな石、飛び去ろうとする石や躍り上がろうとする石、鬼のような石や獣のような石、歩こうとする石や走ろうとする石、つかみかかってきそうな石や殴りかかってきそうな石。風雨の激しい日の夕方には、洞穴が開いて笑い、雲を吸いこみ雷を吹き出すかと思え、高く聳えて恐ろしいほどに感じられる石。朝靄が晴れて日の光が麗しい朝には、岩が重なりながら、朝の気を払って化粧をしたように、和やかで親しみを感じるような石。朝方と夕方のそうした美しさは、言葉で言い表せないほどだ。要するに、神仙の棲む蓬萊《ほうらい》・方丈・瀛州《えいしゅう》の三神山や五岳、あまたある洞窟や渓谷、湾曲した地形や岩が凝縮している地形など、実際の山岳の趣がすべて太湖石に備わっている。その高い崖も拳一つ分、千里の彼方も一瞬、居ながらにして壮大な地形の趣を味わえる。この点こそ牛僧孺どのがこれを好むわけである。

（『白居易集』外集巻下）

太湖石のさまざまな神秘的な姿を、含蓄ある語彙を使って克明に描いている。彼から見た太湖石の要点は、次のようにまとめられる。

①自然物や人間の特徴を体現した形態をしている
②静と動がこもっている、つまり「勢」がある
③天気や朝夕の気象によって味わいを変化させる
④神仙の棲む山や中国を象徴する五岳の特徴を備えている
⑤そうした聖なる山岳に赴かなくても太湖石で代わりとなる

これらの要点の背後には、次のような思想がある。まず太湖石は天・地・人（三才）の宇宙を体現している。天・地・人は「気」から成り、太湖石はその「気」と通じ合い、合一している。それゆえに「気」の動静である「勢」を体現している。それは、大宇宙《マクロ・コスモス》を体現した小宇宙《ミクロ・コスモス》なのである。

そして太湖石は、現実の山岳の細密画《ミニアチュール》であり、聖なる山岳に赴かなくても、山中にいるのと同じだという。この考え方は、太湖石の鑑賞が始まる以前、六朝時代に生じていた山水への関心をベースにして、「臥遊《がゆう》」という発想を応用したものである。「臥遊」は、山水を描いた絵を前にして、過去の名山遊覧の経験を想起し、それによって心を名山に馳せさせるのである。

しかも、白居易が太湖石の「穴」に注目している点は重要である。普通の石には穴などないが、太湖石であればこそ穴もある。太湖石の穴は、名山の洞窟を象徴している。名山の洞窟内部には、神仙が居住する別天地が存在する。そんな名山を「洞天」という。そして、その穴に入った鍾乳洞の様子が、その太湖石そのものなのでもある。白居易は、実際に名山に足を踏み入れて洞窟のある景観を探訪するかわりに、太湖石を眺め、その穴をのぞき込んで、心に洞天を思ったのである。太湖石が中国庭園の必須アイテムだとすれば、洞天という考え方（洞天思想）こそは、石が中国人にもたらした決定的なイマジネーションと言っても過言ではない。

1　名山と洞窟

林屋洞の内部

終南山の洞窟のある山　正面中腹に洞窟（錫水洞）の入口が見える

中国には数多くの名山があるが、そこには本当に洞窟があるのだろうか。本当にあるのである。いわゆる名山は、立派な洞窟を備えていることが多い。

私自身の探訪を若干紹介したい。唐の首都であった長安、今の西安の町からは、その南に居並ぶ終南山の山並みが遥かに眺められる。その西の高峰は、堯の時に金星の精が落下したという太白山である（本章第二節参照）。その山麓に、老子が『道徳経』を執筆したという楼観《ろうかん》台《だい》とともに、老子の墓となっている山がある（西楼観台）。その山を登ると、山上にはムクムクと突き出た岩場に洞窟がある。その洞窟はほぼ直下に続いており、ハシゴがなければ入っていけない。地元の人の話では、かつて探検隊が地下へ降りたが、二キロほど奥に水流があり、進むのを断念したという。本当だとすると、相当に長い洞窟である。村人は現在でも、その洞窟内部に老子のお骨が保存されていると信じていて、内部に入ろうとしない。

私は、この洞窟には入れなかったが、終南山の別の洞窟に入ったことがある。西安から東南の終南山麓、唐の詩人である王維《おうい》（七〇一―七六一）の別荘（輞川荘《もうせんそう》）があったあたり、その背後の山の崖に洞窟がある。観光開発されており、下へ下へと降りていき、五百メートル余まで入れる。鍾乳石がすばらしく、帰るのを忘れるほどだ。おそらく西楼観台の洞窟内部もこんな感じなのだろう。

終南山には、錫水洞《せきすいどう》と呼ばれる洞窟など、この他にも複数の洞窟がある。つまり、長安の南にそびえる終南山の山地は、穴だらけなのである。

もう一例見ておこう。太湖石の名の由来となった太湖は、今にも水があふれそうな巨大な湖で、禹王が治水をしたという。まん丸に近い形なのは、太古の時代に巨大な隕石が落下してできたクレーターに水が溜まったためらしい。湖中に西山という島があり、その中に洞庭山がある。山上には白い石が露出しており、一見してカルスト地形とわかる。ほんの数十メートルの高さしかない丘陵だが、林屋洞《りんおくどう》という洞窟がある。

現在、入口付近のごつごつとした岩の壁には、「天下第九洞天」と刻まれた摩崖がある。洞窟内は、地下室のように天上が低く横に広がった空間となっており、石灰岩がテーブル状になったり、カーテン状になったりしている。足下には水が流れ、あるいは溜まっており、水流によって奇妙に入り組んだ岩が形成されている。

六朝時代中頃の道教経典である『太上霊宝五符序《たいじょうれいほうごふじょ》』巻上には、この洞窟を探索した話が見える。戦国時代、呉王はこの洞窟のことを聞きつけ、洞庭山（別名は包山）に隠居する龍威丈人《りゅういじょうじん》という者に洞窟探索を依頼する。龍威丈人はタイマツの火をたよりに、百七十四日かけて洞窟の奥を巡る。洞窟の奥には巨大なホールがあり、そこにはドアのように無数の穴が集まっていた。その穴の先には、さらに道が続いている。そのホールは天上が見えないほど高く、太陽や月もある。そして宮殿楼閣が立っており、「天帝の后《きさき》の別宮」「太陰の堂」などと看板がかかっていた。つまり、そこは神仙世界なのである。彼はそこで、仙人になるための秘密の書物を入手した（詳細は本シリーズ『聖と狂』の別稿に譲る）。

　これは六朝時代の伝説だが、唐代でも、この洞窟内には神が棲むと信じられていた。現地の報告書によれば、一九八二年に林屋洞の改修工事を行なった際、洞窟内から六世紀・梁代の石碑、十世紀・五代の神像、金龍、玉簡、陶磁器などの遺物が出土した。このうち金龍・玉簡などは、唐代から宋代にかけておこなわれた、投龍簡という道教儀礼の遺物と考えられる。この儀礼は、祈願する内容を記した金属の延べ棒（簡）と、それを神へ伝達する小さな龍などを添えて、洞窟内に投げ入れたり埋蔵したりする祭祀である。私は蘇州博物館でその出土物の一部を観察した。龍は金でできていた。北宋の文献によれば、唐代には玄宗が建てた神景宮が洞庭山上にあり、その下の林屋洞で投龍簡をおこなった、という（朱長文《しゅちょうぶん》『呉郡図経続記《ごぐんずきょうぞくき》』巻中「宮観《きゅうかん》」）。金という素材を使った龍は、皇帝（おそらく玄宗）がおこなった儀礼に使われた可能性が高い。この場所に由来する太湖石という石は、このような道教信仰の香りを濃厚にまとっているのである。

唐代の金龍、蘇州博物館蔵

　以上から、いわゆる名山には洞窟が本当に存在し、そこは神仙が棲むとされていたこと、それは、庭園に太湖石を置いて、石とその穴を鑑賞する詩人たちのイマジネーションをかき立てたであろうこと、それればかりか、その太湖石そのものも、林屋洞という洞天と直接結びついた石だったことが理解できる。

2 洞天の特徴

では、洞天とはいかなる性質を持ったものなのだろうか。次の話には、洞天思想の特徴がよくあらわれている。段落ごとに読んでいこう。

嵩山叟、晋時人也。世説云、嵩山北有大穴、莫測其深浅。百姓毎歳遊観其上。叟嘗誤堕穴中。同輩冀其儻不死、投食於穴。堕者得而食之、巡穴而行。十許日、忽曠然見明。有草屋一区、中有二仙対棋。局下有数杯白飲。堕者告以飢渇、棋者与之飲。飲畢、気力十倍。

晋の時に嵩山叟《すうざんそう》とよばれる人がいた。「世説」に次のような話がある。嵩山の北に大きな穴があり、その深さはどれくらいかわからない。人々は毎年、そこに見物に来訪し、お祭りしていた。嵩山叟は誤って穴の中に落ちてしまった。友人たちは彼が穴の中で死んでいないことを願って、穴に食べ物を投げてやった。彼はこれを食べて生きながらえ、地上に上がれないため穴にそって奥へ進んだ。十日ほど進むと、忽然として視界が広がって明るくなった。

そこには茅葺きの家が一つあり、中では二人の仙人が碁を打っていた。碁盤のわきに何杯か白い飲み物があった。彼は二人に「すみません、腹が減ってのどがかわいているんです」と言うと、碁を打っていた二人は彼にその白い飲み物をくれた。飲み終えると、気力が十倍も充実するのを感じた。

明るくなったということは、そこは暗い洞窟とは別の空間なのである。仙人がいるのは、そこが神仙世界であり、洞天であることを示している。ここまで、嵩山叟はたまたま洞天に入り込んでしまったが、そこが洞天だとは認識しなかったことを説いている。

棋者曰、汝欲留此否。答不願停。棋者教云、従此西行数十歩、有大井。井中多怪異、慎勿畏之、必投身井中。自当得出。若飢、可取井中物食之。如其言入井。中多蛟龍、然見叟輒避其路。於是随井而行。井中物如青泥而香美、食之了不飢。半年許、乃出蜀青城山。因得帰洛下。

碁を打つ人は彼に聞いた。「おまえはここにいたいか」。「いたくありません」。「ならば、ここから西に数十歩行くと、大きな井戸がある。井戸の中には奇妙なものが多くいるが、冷静に恐れず、必ず井戸の中に身を投じなさい。おのずと脱出することができるはずだ。もし腹が減ったら、井戸の中のものを食べるがよい」。

そこで彼は、言われた通り井戸に入った。中には蛇の類がたくさんいたが、彼を見るとすぐに道をあけた。かくして、井戸の穴にそって進んだ。井戸の中のものは青い泥のようだが味がよく、これを食べるとまったく腹が減らない。半年ばかりすると、四川の青城山に出た。このため、洛陽に帰ることができた。

穴の内部世界にもう一つ穴があり、それは別の通路となっていて、はるか彼方に通じている。そして内部には、食べると腹が減らなくなるような、仙人の食糧がある。

問張華、華曰、此仙館丈夫。所飲者玉漿、所食者龍穴石髄。子其得仙者乎。遂尋洞却往、不知所之。

のちに彼は、この経験について博学者の張華に質問した。張華が言うには、「碁を打っていた者は、神仙の宮館の門番だ。飲んでいたのは玉のエキス、食べたのは龍穴の石の髄だ。あなたは仙人になれたはずだよ」。この話を聞いた彼は洞窟に戻っていき、行方知れずになった。

張華《ちょうか》（二三二―三〇〇）は西晋の人で、『博物志《はくぶつし》』の著がある。それにかこつけて、この話の謎解きをする役割として登場する。張華の話を聞いた嵩山叟は、自分が迂闊にも仙人になるチャンスを逃したことに気がつき、洞天に戻っていったが、仙人になれたかどうかはわからない。以下は、この話とは別のコメント。

玄中記云、蜀郡青城山有洞穴、分為三道、西北通崑崙。茅君伝云、青城是第五洞九仙宝室之天、周回二千里、十洞天之一也、入山十里得至焉。出神仙拾遺。

『玄中記《げんちゅうき》』によれば、蜀郡の青城山に洞窟があり、中は分れて三つの道となり、西北は崑崙山に通じているという。『茅君伝《ぼうくんでん》』によれば、青城は第五洞、九仙宝室の天とよばれ、その広さは二千里、十洞天の一つであり、山に入って十里でそこに至ることができるという。『神仙拾遺《しんせんしゅうい》』に出る。

（『太平広記』巻十四「嵩山叟」）

この話は、唐末の道士の杜光庭（八五〇―九三三）の『神仙拾遺』（『神仙伝拾遺』）が出典とされている。冒頭に「世説」とあるが、劉義慶《りゅうぎけい》（四〇三―四四四）『世説新語《せせつしんご》』の体例と合わないので、同じ著者の『幽明録』の逸文だと思われる。『玄中記《げんちゅうき》』と『茅君伝《ぼうくんでん》』の文は、杜光庭が編集した時に付加したものであろう。

嵩山叟が地下を抜けて出た青城山《せいじょうざん》は、四川省都江堰市《とこうえんし》にある山地で、天師道発祥の地の一つ。

天師道（五斗米道）の創始者の張道陵（張陵、張天師）は晩年、青城山に入って百二十三歳で昇天したとされる。山中、最も有名な常道観《じょうどうかん》に天師洞という洞窟がある。河南の嵩山から四川の青城山まで、地図上で千キロ以上離れており、実際に地下の道が存在するわけではない。

杜光庭は『玄中記』および『茅君伝』を引用し、この話は洞天での実体験を述べていると前提している。その上で青城山の洞窟は第五洞天であり、複数の名山に通じていることを説明している。『玄中記』は、晋の郭璞《かくはく》（二七六—三二四）の作とされ、超常的な話を集めた本。『茅君伝』は、江蘇の南京にある句曲山《こうきょくざん》（茅山）に棲む茅君という神の伝記である。両者とも、書物は無くなって佚文しか残っていない。

さて、右の伝説の要点をまとめると、洞天の特徴は次のようになる。

①名山の洞窟内部は神仙が住む別世界になっており、天地があって明るく、宮殿や建物があり、現実世界と違わない。
②神仙が食べる特殊な食糧があり、それを授かると仙人になれる。
③洞窟内部の通路は、他の名山の洞窟に通じている。
④こうした洞天は全国に散在し、ベストテンを「十洞天」という。

以下、この要点について考えてみよう。

3　洞窟の内部

嵩山叟は嵩山の穴に墜落し、地上に上がれなくなった。しかもこの穴は、上から見ると嵩山叟の姿が見えないし、声も聞こえないほど深い。だから友人たちは、彼が死んでないことを期待して、食糧を投げ込んだ。この話の背景には、穴が祭祀の対象であり、穴の中に神が棲んでいる、という信仰があったのだろう。原文で「百姓毎歳遊観其上」とある部分の訳文に「お祭りしていた」と加えたのは、そういう含意である。毎年、決まった時期に、例えば九月九日の節句で「登高《とうこう》」した時に、山中にある穴にお参りし、供物を供えた風習が背景にあるのではなかろうか。

嵩山叟は、深い穴に墜落したのに死ななかった。それは、この洞窟の入口が井戸のように直下ではなく、下に向かう斜面だったことを意味する。鍾乳洞は一般に、水流によって洞穴が作られるので、横穴になることが多いが、天上が崩落して、外部に穴が通じると、そこは急傾斜だったり、直下に広がったりする場合がある。私の経験では、前述の終南山の西楼観台の穴は直下であった。嵩山の南にある禹洞は、入りやすいように加工してあったが、それでも足下を滑らせたら、奥の暗闇まで転げ落ちていくほどの急傾斜だった。こうした特徴は、人が入ることを拒んでいる。逆に言えば、嵩山叟の場合は偶然性が強調されている。

嵩山叟は、穴の奥へと進んだ。彼はタイマツを持っていないから、暗闇を手探りで進んだはずだ。これは横穴だったことを意味する。

彼が進む先は暗闇である。暗闇は死と結びついている。その暗闇を手探りで進むのは、死の世界を歩むことである。だからこれは、宗教的なイニシエーション（通過儀礼）となりうる。日本なら、いわゆる戒壇巡り（長野の善光寺が有名）が想起される。

暗闇の先には明るい世界がある。そこは、永遠の生を持つ神仙の世界である。このような洞窟のイメージに、「死と再生」（ミルチャ・エリアーデ）、「洞窟は大地の子宮であり地下の墓である」（エーリッヒ・ノイマン）といった宗教学的な説明をあてはめることも可能であろう。確かに、石の穴である洞窟は、「陰」であり女性性を帯びている。林屋洞を探索した龍威丈人も、洞窟内の宮殿に「天帝の后の別宮」「太陰の堂」と書いてあるのを目撃している。しかし、宗教学や文化人類学で一般化された洞窟や大地の女性性を洞天と比較すると、いささか相違する特徴も目立ってくる。ここで三たび『石の物語』のジン・ワンに登場してもらおう。

中国とオーストラリアの例に見られる石の洞窟と宗教との関連は、そのような象徴形式が、石器時代に炉端でもあり聖域でもあった洞窟というさらに古い原型から展開したことを示しているようである。しかし指摘しておかなければならないのは、中国の人々が西洋の人々と同じくイニシエーションや宗教活動の舞台として石窟に魅了されたとはいっても、洞窟のイメージにつきものの子宮のシンボリズムへの西洋の強い愛着に、中国は到底及ばないということである。［…］これら（中国の女媧・西王母・観音など地母神の神的な力を持つ存在）の母なる形象はそれぞれが自律的に力を振るうようであって、（エーリッヒ・ノイマンの）グレート・マザーの一団として概念化されることはきわめて稀である。

（『石の物語』三二二頁）

ジン・ワンが、中国の洞窟をグレート・マザーによって概念化するのに慎重であるのは、正当だと思われる。しかし、より踏み込んで見ると、洞天には、洞窟が持つ「古い原型」とは反対に、同時代の人間世界がモデルになっている側面が重要である。

と言うのは、嵩山叟が出会った仙人は、囲碁を打っていた。囲碁は白と黒の「石」を並べるゲームである。白は「陽」、黒は「陰」という二種類の「気」の動向を示してもいる。このことを後漢の班固（三二―九二）は「弈旨《えきし》」で、囲碁の名人の口を借りてこう語っている。

局必方正、象地則也。道必正直、神明徳也。棋有白黒、陰陽分也。駢羅列布、效天文也。

碁局が必ず方正なのは、地の規則をかたどっている。碁盤の線が必ず直角に交差しているのは、宇宙の法則性の表れである。碁石に白と黒があるのは、陰陽の区別である。その碁石が碁局に並ぶのは、天文に倣っている。

（『古文苑』巻十七）

つまり囲碁は、宇宙の象徴《シンボル》なのである。それを仙人が打っているのは、あたかも宇宙の気の動向を彼らがリードしているかのようだ。しかし、彼らは仙人といっても「神仙の宮館の門番」にすぎない。要は、門番が暇つぶしに囲碁をやっていただけのことだ。これは、人間世界にありがちなことで、それを仙人もやっているのがおもしろいのである。そんな下っ端の仙人がくれた飲み物でも、嵩山叟の飢えは癒え、気力十倍となった。まして神仙の宮館に住む、偉い仙人から薬を授かったら、不老不死は間違いない。そのような類推を導く設定なのである。その背後には、仙人にも上下関係があり、それによって構成される仙人の官僚的構造が予想できる。これは、原始の洞窟が持つ「神話的原型」（ユング）に由来するのではなく、人間世界の官僚制度に由来する。つまり洞天は、城壁で囲まれた、官僚たちの棲息する宮殿の隠喩《メタファー》なのだ。

そこでは、時間と空間は一般庶民のそれとは全く異なる。空間はどこまでも続き、時間は経つのを忘れる。嵩山叟の話には見えないが、洞窟の内部が、日常的な時間と空間を超越する性質を持つことに関して、梁の任昉《じんぼう》が伝える次のような話が有名である。

信安郡石室山、晋時王質伐木、至、見童子数人、棋而歌。質因聴之、童子以一物与質、如棗核。質含之、不覚飢。俄頃、童子謂曰、何不去。質起、視斧柯爛尽。既帰、無復時人。

信安郡の石室山のこと。晋の時代に王質がたきぎをとりに山中に入ったところ、石室で童子が数人、碁を打ちながら歌を歌っていた。王質がこれを見物していると、童子はある物を彼にくれた。棗の実のようであった。これを食べると腹が減ったのを感じなくなった。しばらくして、童子が彼に言った、「どうしていつまでもいるのか」。そこで王質は立ち上がり、たきぎを切るつもりで持ってきた斧を見ると、木の柄が朽ちていた。村に帰りついたが、自分の顔見知りは誰もいなくなっていた。

（『述異記』巻上）

石室で碁を見物していた数十分は、数十年にもあたるわけである。童子は仙人であり、彼らは年を経て若返ったのだろう。そんな異空間が日常のすぐ隣に存在している。浦島太郎の龍宮城が想起される。しかし、浦島は乙姫さまと楽しむことができたが、王質はほんの束の間に、しかも知らず識らずのうちに異空間に立ち入り、すべてを失ってしまった。

洞天の内部について、より具体的に述べているのは『真誥《しんこう》』稽神枢《けいしんすう》である。『真誥』は、梁の陶《とう》弘景《こうけい》（四五六―五三六）の編になるが、実質的には神降ろしの記録である。この神降ろしは、いまの江蘇省南京近くの句曲山《こうきょくざん》（茅山）の麓で五世紀半ばにおこなわれた。『真誥』稽神枢は、「嵩山叟」にも引用されていた『茅君伝』（『茅君内伝』）に基づいている。

それによれば、句曲山の洞天は、金壇華陽洞天《きんだんかようどうてん》とよばれる。そこは周囲が百六十里の方形の地下石室で、太陽と月のように円形の「日精」と「陰暉《いんき》」がその世界を照らしている。そこには石段で入っていくことができ、外から入った者は自分が洞天の中にいることを自覚しない。太陽と月の光はもちろん、草木や川の流れ、空を飛ぶ鳥や雲や風など、自然の景観も外と同じである。そして句曲洞天は、東は林屋山洞天（太湖石が採れる）、北は泰山洞天（山東）、西は峨嵋山《がびざん》洞天（四川）、南は羅浮山《らふざん》洞天（広東）に地下の大道でつながっている。そればかりか、その途中、枝分かれした小道から他の洞天へも通行できる。華陽洞天には、茅君の三兄弟が居住する宮殿がある。ここは、天下の十洞天の第八洞天に列せられている。

陶弘景は、自分も句曲山の洞天に至ろうと、句曲山にある三つの峰（大茅山・中茅山・小茅山）にあるという五つの洞口を捜し求め、そのいくつかを同定したようである。しかし彼は、洞天には入れなかった。ちなみに、現在の句曲山には華陽洞という洞窟があり、茅山の道観が管理して観光開発している。

要するに洞天は、洞窟の奥の地下世界であり、地下ではあるが外部と同じ環境を備えていると考えられていた。それは、現実に名山に存在する洞窟をもとに神仙世界を思い描いたもので、その神の世界は、人間世界の官僚が住まう宮城をモデルにして構想されている。

4　石は食べられる

以上とりあげた話では、洞窟内で仙人から食糧をもらったり、洞窟内に生えているものを食べたりしている。嵩山叟が仙人からもらったのは玉のエキス「玉漿《ぎょくしょう》」、洞内で食べたのは青い泥のような「龍穴石髄《りゅうけつせきずい》」であった。つまり、石には食べられるものもあるのだ。

「玉漿」は、「玉」とあるからには石と関連する液体であろう。かつて西安の郊外で、これが採れたらしい。終南山の一峰、玉山の下には深い井戸があり、普段は水がないが、病人が祈禱をすると白色の甘い水が採取でき、それで病気を治せたので、その井戸を「玉漿井」という（『陝西通志《せんせいつうし》』西《せい》安府《あんふ》）。この場所は、私が立ち入った終南山の鍾乳洞の近くである。その井戸の水が白いのは、おそらく鍾乳石が溶け込んでいるのであろう。

「龍穴石髄」は、骨髄のように柔らかい石。晋の葛洪の撰とされる『神仙伝』王烈伝に、石髄についても詳しく記述した部分がある。

烈独之太行山中、忽聞山東崩圮、殷殷如雷声。烈不知何等、往視之。乃見山破石裂数百丈、両畔皆是青石。石中有一穴口、経濶尺許、中有青泥流出如髄。烈取泥試丸之、須臾成石、如投熱蠟之状、随手堅凝、気如粳米飯、嚼之亦然。烈合数丸如桃大、因携少許帰。乃与叔夜曰、吾得異物。叔夜甚喜、取而視之、已成青石。

王烈が一人で太行山中《たいこうざん》を旅していると、ふと山の東側が崩落し、落雷のようなバリバリという音がするのを聞いた。彼は何事かと思い、行って見てみた。すると数十メートルにわたって山や岩に亀裂が入って、亀裂の両側面は薄黒い石（青石）であった。その石の中に幅が数十センチの穴があいており、その中から骨髄のような薄黒い泥が出ていた。彼は、その泥を取って試しに丸めてみると、すぐに石ころのようになり、あたためた蠟《ろう》のような状態で、手で固めることができた。においはウルチ米のようで、齧ってみてもそんな感じだった。彼はそれで桃の実の大きさの玉をにぎり、いくつかを持って帰った。それを友人の嵇康《けいこう》に見せた。「こんな奇妙なものを手に入れたぞ」。嵇康は非常に喜び、手にとって見ると、すでに堅い石になっていた。

（『太平広記』巻九「王烈」）

王烈《おうれつ》と嵇康の交遊は『晋書《しんじょ》』嵇康《けいこう》伝にも見える。嵇康《けいこう》（二二三—二六三）は「竹林の七賢」の一人とされる名士である。この話の謎は、王烈は石髄を食べられたのに、嵇康の前では石髄が堅くなって食べられなかったのはなぜか、である。

『晋書』嵇康伝では、嵇康が養生を尊重していたのに、石髄を食べられなかったのは「天命」だという。彼は、名文として有名な「養生論《ようせいろん》」を書いたが、口が悪く、人を罵倒する性格だった。結局、口がわざわいして刑死した。そういう人物は、石髄というめでたいものを得ることはできない。このことを、唐末の道士の杜光庭は「石髄を得られるには、人知れぬ功徳（陰徳）を積んで、仙人としての素質（仙骨）がなければならない」と述べている（『神仙感遇伝《しんせんかんぐうでん》』、『雲笈七籤』巻一一二）。

別の意見もある。北宋の蘇軾《そしょく》（一〇三七—一一〇一）は、嵇康の態度に疑問を呈している。「嵇康は堅くなった石髄を、どうして削って破片にしたり擦って粉末にしたりしなかったのか。そうすれば、当時飲んでいた雲母や鍾乳石などより、よっぽど効果があったのではないか」（『東坡志林《とうばしりん》』巻九）。

嵇康の時代には、鍾乳石、硫黄、白石英、紫石英、赤石脂という五種類の鉱物を磨り潰して作った「五石散《ごせきさん》」の服用が貴顕階級で流行した。これは「散」ともよばれ、不老不死の薬とされていたが、リスクも高い。魯迅によれば、「散」服用後は体が熱くなるので、服を脱いで冷水を浴び、冷たいものを食べて、お燗した酒を飲まなければならない。体が熱い状態を維持するために、歩き続けるようにすることを「散歩」という。そうしないと、中毒死するのである。もちろん、相当数の人が中毒死した。

蘇軾は、後知恵でそれを知っているから、嵇康が機転を利かせればよかった、と言うのである。結局、仙人になりたいと、がめつく求めてもダメで、嵇康はそれがわかっていたのだ、と蘇軾は結論している。

では、嵩山叟の場合はどうだろう。彼は、石髄を入手できるような天命や陰徳を備えていたのだろうか。そうではない。彼が石髄を得られたのは、たまたま洞天に入り込んでしまったからなのである。つまり、洞天のイメージの魅力の一つは、凡庸な人物がたまたま洞天に入り込み、仙人の薬や書物を入手できる、そういう余地がある点なのである。

その一方で、凡庸な人物が洞天に入って、そこに並ぶご馳走を食べたために石になってしまうこともある（杜光庭『道教霊験記』薛逢伝《せつほうでん》）。これは「天倉洞《てんそうどう》」と呼ばれるが、洞窟には食糧が貯蔵してあった、という現実を反映しているのであろう。雲水をする道士は洞窟の貯蔵物を食べることができるが、それは修行しているからであり、一般人は食べてはいけない、食べたら石になるぞ、という意味である。洞窟は夏でも涼しく、貯蔵に向いている。また、穀物には神霊（穀霊）がこもっており、それを留める倉庫は、穀霊の留まるところと考えられた。そのような信仰にもとづき、倉庫としての洞窟に置かれた食糧には霊がこもり、神仙もそこで安らいでいると考えられたのであろう。それゆえ、そうした食糧は神仙が食べる特別なもの、石でできているとされた。

5 地下でつながる洞天

洞天は、通路によって、別の洞天と地下で結びついている。高いレベルの神々は天にいるが、洞天は地上の人間に近く、天上の神々にも通じている世界である。つまり「洞天」は「通天」である。

そのような洞天は、中国にいくつ存在するのだろう。『真誥』には三十六カ所あるといい、そのうち十カ所をまとめて「十洞天」と言っている。唐になると、この考えを承けた道士の司馬承禎《しばしょうてい》（六四七―七三五）が、十大洞天・三十六小洞天・七十二福地の分類を確立させた。これは、「大」「小」という価値づけと、数量の多寡からみて、大洞天＞小洞天＞福地というランクづけが前提されている。また「福地」は、洞天とされる名山における修行に適した地点を指しているようである。

さしあたり、司馬承禎『天地宮府図』によって、十大洞天とその別名・統治する仙人を示せば、次のようである。（ ）内に従来の伝承と研究で推定された現在の場所を記す。

第一、王屋山（河南省済源）小有清虚之天。西城王君

第二、委羽山（浙江省台州）大有空明之天。青童君
第三、西城山（陝西省安康）太玄惣真之天。上宰王君
第四、西玄山（青海省湟中？）三元極真洞天。？
第五、青城山（四川省都江堰）宝仙九室之洞天。青城丈人
第六、赤城山（浙江省天台）上清玉平之洞天。玄洲仙伯
第七、羅浮山（広東省博羅）朱明輝真之洞天。青精先生
第八、句曲山（江蘇省句容）金壇華陽之洞天。紫陽真人
第九、林屋山（江蘇省蘇州）尤神幽虚之洞天。北岳真人
第十、括蒼山（浙江省仙居）成徳隠玄之洞天。北海公涓子

（『雲笈七籤』巻二十七）

どんな理由でこれらが選ばれたのか、順番は順位を指すのか、など不明である。唐の玄宗皇帝は、これを承けて洞天を信仰し、洞天で道教による国家鎮護の儀礼をたびたびおこなった。こうした儀礼は唐王朝を通じておこなわれ、北宋王朝でも継承された。

順番の理由はわからないが、王屋山《おうおくざん》が第一とされるには、それなりの理由があるはずだ。『真誥』に次のようにある。

君曰、王屋山仙之別天、所謂陽台是也。諸始得道者、皆詣陽台、陽台是清虚之宮也。

神である王褒《おうほう》が言った。「王屋山は仙人の天の中で別格であり、いわゆる陽台というのがそれだ。始めて道を得た諸人は、まずみんな陽台にいたる。陽台は清虚の宮のことだ。」

（『真誥』巻五）

このお告げは、句曲山にある許氏の家の霊媒に降った。王褒は、王屋山の神である。それが、地下を通って句曲山の神降ろしに現われている。お告げによれば、第一大洞天の王屋山は、修行者が「道を得た」後（つまり死後）、第一に赴く場所であり、神仙の本宮であった。道を得た者たちも地下の通路を使って王屋山に赴くのである。次のようなお告げもある。

南岳夫人其夕語弟子言、我明日当詣王屋山清虚宮、令汝知之所至也。

南岳夫人がその日の夕刻に小生に語った。「わたしは明日、王屋山清虚宮に行かなければならないので、おまえにわたしの行き先を教えておく」。

（『真誥』巻一）

南岳夫人とは、まん中がパクリと割れた巨岩によって崇拝された魏華存（本章第1節参照）のことである。彼女の修行のプロセスを記した『南岳魏夫人内伝《なんがくぎふじんないでん》』は、顔真卿《がんしんけい》（七〇九―七八五）が書いた石碑などに引用文がある。それによれば、彼女はもと王屋山に近い河内《かだい》（今の洛陽から黄河を渡った北側）の人で、少女時代から神仙を慕って薬草を研究し、養生に励んでいたが、家庭の事情で嫁入りし、子供を養った。その後、夫とは別居し、個室で瞑想中に神々の降臨を得た。天師道の祭酒（司祭）として儀礼を行なったが、永嘉の大乱（三〇四年頃発生）で江南に渡った。彼女は王褒から数々の上清経《じょうせいきょう》（道教経典）を伝授され、それを江南に伝えた。彼女の息子は経典を保持し、それを霊媒や修行者に閲覧させた。神降ろしのクライアントである句曲山の許氏は、魏華存の家系と親族関係にあった。

こうして見ると、王屋山と茅山が地下で通じているのは、もともと天師道の祭酒だった魏華存が、経典と教法と信徒を河内から江南に遷し、江南の地元の民間信仰、つまり茅君信仰と習合したことが反映しているのであろう。つまり、洞天が地下で通じているのは、地上の人間関係や宗教的な協力関係が投影されているのである。

6　洞天思想の由来

私は、いわゆる十大洞天の現地を見てみたいと思い、そのうち八カ所に行ってみた。そこにはすべて洞窟が存在した。うち二カ所を紹介しておこう。

第一大洞天の王屋山には、上部がせり出した崖に二つの洞窟がある。一つは王母洞という

（二二九頁、図上・中）。現地の話では、奥行き百メートルほどというが、途中水没しており、奥まで入れなかった。もう一つの洞窟は、洞天に入って神に出会いたいと願う者が立ち入ったまま戻らない、という失踪事件が相次ぎ、コンクリートで閉鎖したという。その峰の上層には、霊山洞という、別の奇妙な洞窟がある。霊山洞は、五つの洞口が中で合流しており、うち一つの洞口を進むと、崖の反対側に出る。

次に、第八大洞天たる句曲山（茅山）だが、ここにも、王屋山の霊山洞と同じく五つの洞口があるとされている。私は、陶弘景が叙述した地形を参考に、そのうちの「華陽洞の北門」を探索し、それらしき洞窟（良常洞《りょうじょうどう》）を確認した（左図下）。ここは洞口が急傾斜で、近くにダム湖ができたせいで奥が水没している可能性もあり、危険なため立ち入らなかった。

こうした現地調査は、洞天という想像力《イマジネーション》の物質的根拠を考えるヒントになる。つまり、カルスト地形の洞窟の神秘と、それに対する畏怖に由来することは、間違いない。カルスト地形の洞窟は、中国の西南地域・四川から陝西・黄河・長江周辺に広く存在する。

おそらく、洞窟に神が棲むという信仰は、中国各地に存在したはずだ。中でも特に洞天のイマジネーションに大きく影響したのは、中国西南のカルスト地形で生じる「天坑《てんこう》」という現象ではなかろうか。二〇一五年、フランスでおこなわれた道教の国際学会で、第一小洞天とされる福州の霍山《かくざん》洞天に天坑が存在することが報告された。写真を見て会場の研究者たちはみな驚きの声をあげた。これは、地下の洞窟内で巨大崩落によってホール状の空間ができ、その天上部分が地上に穴ないし陥没を生じさせたものである。以前、ＮＨＫが中国の天坑調査隊を撮ったドキュメンタリーを放映したことがある。それによれば、巨大崩落でできたホールの下から、はるか彼方の天上にできた小さな穴を望むと、そこから外部の光が射し込んで、あたかも月光のように見える。また、巨大崩落で天上がすべて落ちてしまうと、洞窟の途中がひらけて、周囲を崖で囲まれたポッカリした空間ができる。そこは、事実上は外部と同じだが、周囲を崖に囲まれているために、人跡未踏であるばかりか、生態系も独自に発展する。また、洞窟を通して、他の巨大崩落の天坑と地下でつながっている場合もある。これは、『真誥』に記述された洞天のイメージそのままではないか。そして、戦乱などの避難民が洞窟を抜けてこの地に入り込んだ場合、かの桃源郷そのものとなる。カルスト地形だから飲み水は豊富にあり、鳥獣草木の食糧も揃っているからである。

レンガを積んだような崖の凹みに祭祀場があり、その背後に王母洞の入口がある

王屋山王母洞の内部

句曲山良常洞の入口

話は若干それるが、陶淵明《とうえんめい》の「桃花源記《とうかげんき》」で描かれた桃源郷の実在性とイマジネーションの源泉については、古来紛々たる議論がある。日本の学界では、桃源郷は洞窟を抜けた山中に存在した、落人《おちうど》の村の伝承に起因すると考えられてきた。ところが一九八三年に、三浦國雄が陶弘景の『真誥』に基づいて洞天思想を解明し、桃源郷のイマジネーションは、『真誥』に見られる洞天のイメージで解釈された（三浦國雄『中国人のトポス』）。だとすると、桃源郷は洞窟内部に存在するのであって、山中の村ではない。この説は、中国文学者にとっては目からウロコであった。歴史的にも、桃源郷は洞窟内部にあるとされ、三十六小洞天の一つとして桃源洞が数えられている。三浦國雄によれば、桃源郷が洞窟内部にあるというのは、李氏朝鮮の安堅「夢遊桃源図」（一四四七年）にも描かれている。その画面では確かに、桃源郷の上に鍾乳石がぶらさがっている。

ところが、天坑という自然現象は、桃源郷の自然環境を完全に実在可能にする。『真誥』の洞天イメージは、天坑に由来するように見える。天坑に実在した村の伝承が、間接的に桃源郷のイマジネーションの源泉だったのかもしれない。

話を戻そう。「天坑」の分布地は、初期の天師道の教域に近い。例えば、第三大洞天の西城山に連なり、太白山とも近い漢中の紫柏山には、地誌によると、七十二洞があり相互に通じているという。現地に行ってみると、その一帯はカルスト地形で、至る所に鍾乳洞があるばかりか、山中には巨大崩落した天坑が存在する。しかも、紫柏山の峰には天師道の教堂がかつて存在し、その山麓には留侯廟があり、天師張道陵の先祖とされる張良と黄石公（本章第2節参照）が祀られている。

天坑のイメージが江南に至って洞天思想に結実したのは、次のようなプロセスをたどったのではなかろうか。天師道の教団は、曹操《そうそう》（一五五―二二〇）によって武装解除され、四川から黄河周辺に移住させられた。それにつれて、天坑に由来する洞窟観念も伝承された。その後、天師道は東に教勢を拡げた。王屋山の麓で道を志した魏華存は、この流れを承けて天師道の祭酒をした。その魏華存が永嘉の大乱で江南に渡り、句曲山にあった茅君信仰および江南の洞窟信仰と習合し、四川・陝西・河南を含めた洞天思想が形成された。

洞天のイマジネーションは、多くの文学作品に影響した。中でも「桃花源」は、この世の危険と患いを避けられる別天地として、中国文学のみならず、朝鮮や日本の文学にも絶大な影響を与えた。一例として、李白《りはく》（七〇一―七六二）の「古風」第三十一首を読んでみよう。彼は、おそらく安禄山の乱に遭遇したために、秦の人々が戦争を避けて桃源郷に逃げたように、自分もどこかへ行ってしまいたい、と歌う。

鄭客西入関、行行未能已。白馬華山君、相逢平原里。璧遺鎬池君、明年祖龍死。秦人相謂曰、吾属可去矣。一往桃花源、千春隔流水。

鄭客は西のかた関に入り、行くゆく止まることもかなわない。白馬の華山君と、平原里で出会った。華山君は璧を鎬池君に遺ってくれと託し、明年に祖龍死すとつぶやいた。秦の人は互いに話し合う、「我々は秦を去るべきだ。桃花源に行きさえすれば、千年ものあいだ流水で世間と隔てられる」。

（『李白全集編年注釈』天宝十二載）

7 再び太湖石の穴へ

以上、太湖石の「穴」に対する白居易の関心から出発し、その背景にある洞天思想を理解しようと試みた。白居易は「太湖石」と題する詩で、次のように歌っている。

遠望老嵯峨、近観怪嶔崟。纔高八九尺、勢若千万尋。嵌空華陽洞、重畳匡山岑、邈矣仙掌迥、呀然剣門深。

遠くから望めば老いたもののようにごつごつとし、近くで観れば不思議と高くそびえている。高さはやっと八九尺なのに、勢いはまるで千万尋もある峰のようだ。ぽっかりあいた空虚な穴は華陽の洞天であり、重なっているさまは廬山《ろざん》の峰、はるかな昔の仙掌のような岩がひろがり、きっとして四川の剣門の深い谷のよう。

（『白居易集』巻二十二）

太湖石を鑑賞する表現の中に、ぽっかりあいた穴を句曲山の「華陽洞」に喩えている言葉が見える。つまり、太湖石に対する鑑賞の背後には、洞天に関する知識とイメージがあるのだ。洞天思想に基づくことで、太湖石の穴が象徴するもの、その奥深いイマジネーションが理解できるであろう。さらに、石をめぐる多くのイメージが、洞天と関連していることもわかる。

また、以上の説明によって、六朝から唐の道教・洞天思想、その文人との関わりの一端も理解できたのではなかろうか。白居易のような高官にとって、唐王朝の信奉する洞天思想は、決して道教の信徒が教団内部で信仰したり修行したりするための、特別なものではなかった。白居易は、道教儀礼に参列する役目で、王屋山に登ったことすらある（『白居易集』巻二十二）。中国の石のイメージで最も核心的な部分は、こうした道教および洞天思想と文人との関わりから形成されていった、と言えるのではなかろうか。

結語

本章では、「石」を通して、中国古典における「人ならぬもの」の一端を窺おうとしてきた。「啓母石」は人が石になる話、「黄石公」は石が人になり、人を教える話であった。中国古典では、「石」も「人」も同じ「気」でできているので、相互に通じ合っている。人が石になることもあるし、石が人になることもある。そして人は、石の洞窟である「洞天」に入ることで、人の有限性を超えて、石の無限性を得ることもできる。「石」が作る「地」の「空《くう》」は、「天」の「空《くう》」に通じる。

じつは、それは「人」の身体の「空《くう》」にも通じるのである。句曲山の神である茅君（三茅真君）はこう言った。「天の無は「空」といい、山の無は「洞」といい、身体の無は「房」という。山の中の空は「洞庭」といい、人の頭の中の空は「洞房」という」（楊慎『丹鉛続録』所引）。ここでは、天・地・人が類比《アナロジー》の関係で説明されている。とすると、「太湖石」を愛でる気持ちは、山を愛でる気持ちであり、天地自然を愛でる気持ちであり、人を愛でる気持ちなのである。「石」こそは、自然＝宇宙を代表する存在であり、自然＝宇宙の無限性を象徴している。本書の総説で述べているように、「禽獣」はもちろん、「草木」も、自然の存在ではある。しかしそれは、宇宙の無限性は持ち合わせてはいない。中国では古来、「石」にこそ自然の象徴性を感じ、自然との合一を思ったのである。以上のような「石」の象徴的意味を現代的に再考するとすれば、私たちは「人」と「人ならぬもの」とを区別する思考そのものを考え直してみるべきなのかもしれない。

底本

班固『漢書』、北京、中華書局、一九六二年
『尚書正義』、許錟輝分段標点、台北、新文豊出版公司、二〇〇一年
曹峰・李承律著・上海博楚簡研究會編『上海博物館蔵戦国楚竹書『昔者君老』『容成氏』（上）訳注』、東京大学文

学部東洋史学研究室、二〇〇五年
劉文典『淮南鴻烈集解』、馮逸・喬華点校、北京、中華書局、一九八九年
揚雄『蜀王本紀』、欧陽詢撰『芸文類聚』、上海、上海古籍出版社、一九八五年
劉義慶『幽明録』、徐堅ほか『初学記』、北京、線装書局（日本宮内庁書陵部藏宋元版漢籍影印叢書）、二〇〇一年
司馬遷『史記』、北京、中華書局（点校本二十四史修訂本）、二〇一四年
杜光庭『録異記』、李昉等編・張国風会校『太平広記会校』、北京、北京燕山出版社、二〇一一年
王明『抱朴子内篇校釋』増訂本、北京、中華書局、一九八五年
干宝『捜神記』、前出『太平広記会校』
興膳宏・川合康三『隋書経籍志詳攷』、汲古書院、一九九五年
范曄『後漢書』、北京、中華書局、一九六五年
顧学頡校点『白居易集』（全四冊）、北京、中華書局、一九七九年
杜光庭『神仙伝拾遺』、前出『太平広記会校』
銭熙祚増輯『古文苑』、『守山閣叢書』、台北、芸文印書館（百部叢書集成）、一九六八年
任昉『述異記』、『景印文淵閣四庫全書』第一〇四七冊、台北、台湾商務印書館、一九八三―一九八六年
葛洪『神仙伝』、前出『太平広記会校』
陶弘景『真誥』、趙益点校、北京、中華書局、二〇一一年
安旗主編『李白全集編年注釈』、成都、巴蜀書社、一九九九年

参考文献

大室幹雄『囲碁の民話学』、せりか書房、一九七七年
白川静『中国古代の文化』、講談社（講談社学術文庫）一九七九年
三浦國雄『中国人のトポス――洞窟・風水・壺中天』、平凡社、一九八八年
小南一郎「壺型の宇宙」、『東方学報』第六一冊、一九八九年三月

門脇廣文「陶淵明〈桃花源記〉小考」、林田愼之助博士古稀記念論集編集委員会編『中国読書人の政治と文学』、創文社、二〇〇二年
蒙可泉ほか「広西黄猄洞天坑国家森林公園的風景資源分析与評価」、『広西科学院学報』第二十巻第三期、二〇〇四年八月
河南省文物考古研究所編著『禹州瓦店』、北京、世界図書出版公司北京公司、二〇〇四年
小南一郎『古代中国　天命と青銅器』、京都大学学術出版会、二〇〇六年
三浦國雄「安堅「夢遊桃源図」と「桃花源記」」、『國學院中國學會報』第五十三輯、二〇〇七年
福本雅一『太湖石』、藝文書院、二〇〇九年
小南一郎「帝から天へ――天の思想の形成」、『東方宗教』第一一六号、二〇一〇年十一月
洞天福地研究会『洞天福地研究』第一―五号、二〇一一年―二〇一四年
許宏『何以中国』、北京、生活・読書・新知三聯書店、二〇一四年
ジン・ワン『石の物語』、廣瀬玲子訳、法政大学出版局、二〇一五年

余説

麒麟にみちびかれて――中国古典へのいざない――

廣瀬玲子

『コスモロギア』に続いて「シリーズ・キーワードで読む中国古典」の第二巻として刊行された本書は、『人ならぬもの』と題し、鬼・禽獣・石についてさまざまなジャンルのテクストを引用しながら論じてきた。もちろん、中国の文化と書物の長い歴史を考えれば、本書に挙げられた例はそのほんの一端に過ぎない。著者たちの願いは、これらのテクストをきっかけとして、読者のまえに時間と場所にとらわれることのないテクストの沃野が開かれることである。それは「古典」の時代や「中国」という地域にとどまるものではなく、そこには境界線はない。

本書で引用したのは、もちろん「中国古典」やそれに関わるテクストだが、哲学・思想・歴史・文学といったジャンルや、文言《ぶんげん》（文語）と白話《はくわ》（口語）のちがいによる限定を設けなかった。繰りひろげられたのは、中国において文字で書かれたもののすべてをおおい、ときには文字にさえ限定されない概念としての「文」である。文は「あや」でもあり「模様」でもある。つまり、ことばの織物としての「テクスト」という概念に近いのである。そこでこの「余説」では、さらに中国の外へも目を向けてみよう。

第二章でも登場したボルヘスに「カフカとその先駆者たち」というテクストがある。カフカのことを「類例を見ない独自の存在だと思っていたが」「様ざまな文学、様ざまな時代のテクストのなかに、彼の声、彼の癖を認めるような気がした」ので、「その一部を年代順に記録しておく」（『続審問』、中村健二訳、岩波文庫、二〇〇九年、一八八頁）と始まるテクストである。

最初に挙げられるのは、運動を否定するゼノンの逆説《パラドクス》である。無限に存在する中間点を通過しなくてはならないために目的地に到達できないという命題の形式は、まさしく『城』の形式と同じであるというのだ。

こうして、運動する物体と矢とアキレスが文学における最初のカフカ的登場人物である。読書中にたまたまわたしの注意を惹いた第二のテクストでは、類縁性は形式というより語りの口調である。それは九世紀の散文作家韓愈が書いた寓意譚で、マルグリエスの見事な編纂になる『註解中国詩文選』（一九四八年）のなかに収められている。わたしが注目したのは、静謐で謎めいた次の一節である――「麒麟が超自然的存在であり、吉兆の動物であることは広く認められている。詩賦のなかで、年代記のなかで、高名な人々の伝記のなかで、普く権威を認められた諸書のなかで、そのことは紛れもなく提言されている。麒麟が目出度い前兆であることは、下々の女子供でも知っている。しかし、この動物は家畜のなかに見当たらないし、たやすく見つかるものではないし、また分類に適さない。すなわちそれは馬や牛に似ていないし、狼や鹿にも似ていない。それゆえ、麒麟を目のあたりに見ていながら、それが麒麟であることに確信がもてないようなことも起こりうるだろう。われわれは鬣《たてがみ》のある動物なら馬であり、角の生えている動物なら牛であることを知っている。しかし、われわれはどんな動物が麒麟であるかを知らない」。（同、一八九頁）

このあと第三のテクストとしてキェルケゴールが続くがそれはさておき、この麒麟についてのテクストとは、韓愈の「獲麟解《かくりんかい》」（麒麟をつかまえたことについての解釈）である。麒麟が特別な動物であることは誰でも知っているが、どんな動物なのかは誰も知らない。たとえ麒麟が目の前にいたとしてもそれが麒麟だとわからないとしたら——麒麟について語っているのに麒麟にたどりつけないテクスト。その語り自体がカフカ的だということであろう。

ボルヘスがこの文章を読んだのは、マルグリエスの『註解中国詩文選』、すなわちジョルジュ・マルグリエスのフランス語訳である（Georges Margouliès, *Anthologie raisonnée de la littérature chinoise*. Paris: Payot, 1948）。ボルヘスはそれをスペイン語に訳し、さらにそれを日本語に訳したのが先ほどの引用である。「獲麟解」は短いので、原文を全文引用しておこう。

麟之為霊昭昭也、詠於詩、書於春秋、雑出於伝記百家之書。雖婦人小子、皆知其為祥也。

然麟之為物、不畜於家、不恒有於天下、其為形也不類。非若馬牛犬豕豺狼麇鹿然。然則雖有麟、不可知其為麟也。角者吾知其為牛、鬣者吾知其為馬。犬豕豺狼麇鹿、吾知其為犬豕豺狼麇鹿。惟麟也、不可知。不可知、則其謂之不祥也亦宜。雖然、麟之出、必有聖人在乎位。麟為聖人出也。聖人者、必知麟。麟之果不為不祥也。又曰、麟之所以為麟者、以徳不以形。若麟之出、不待聖人、則謂之不祥也亦宜。

ボルヘスは途中の「惟麟也、不可知」（麒麟だけはどのような姿なのかわからない）までを引用している。ほぼ正確な翻訳であることがわかるだろう。後続の部分を要約しよう。見知らぬものであれば、それを不吉だと考えるのももっともである。しかし麒麟は聖人が位についているときに現れるのだから、聖人にはそれが麒麟だとわかるだろうし、麒麟は不吉ではないことになる。もしも聖人がいないのに麒麟が出現したら、それを不吉だと考えるのももっともである。

本書の第二章で見たように、聖人と麒麟との関係は繰りかえし論じられてきた。「獲麟解」では、麒麟が現れるのであれば必ず聖人が位についていると述べながら、聖人がいないのに麒麟が現れる可能性も認めている。そうなると、麒麟の出現に意味はあるのだろうか。後続部分も含めて、その語りは確かにカフカ的と言えるのかもしれない。それにしても、麒麟は言語のちがいを超えて、ずいぶん遠くまで旅をしたものである。

麒麟にみちびかれて、わたしたちも世界文学のなかで中国古典をとらえたい。そのように思うとき、日本語で読める中国古典はどれくらいあるのだろうか。ここで中国古典の翻訳について、特にシリーズものに着目してその歴史を概観してみよう。

*

古来、漢籍に親しんできた日本では、江戸時代ともなると漢籍の原文に句読・訓点を施した和刻本が数多く出版された。返り点や送りがなをたどれば日本語として読めるわけだが、今日では研究者でもなければ読んで理解することはむずかしいだろう。

近代を迎えると、西洋の書物の翻訳・出版が盛んになり、大正時代にはまず西洋近代文学を中心として、シリーズものが出版されるようになる。昭和に入ると新潮社の「世界文学全集」（いわゆる円本の一つとして有名）を始めとする大がかりなシリーズも出版されるが、この「世界」のなかに中国は入っていない。中国の書物は「国訳漢文大成」（国民文庫刊行会、一九二〇年より刊行）など、「漢文」という別のジャンルに入れられ、訓読になじまない白話文学さえ、書き下し文に近い翻訳がされていた。近代文学でもないし、西洋文学でもない、「それ以外」として扱われていたのである。

ただし、「大衆文学」というジャンルをかかげた改造社の「世界大衆文学全集」（一九二八年）には、中国の白話小説である『平妖伝《へいようでん》』『水滸伝《すいこでん》』『西遊記《さいゆうき》』、文言小説『聊斎志異《りょうさいしい》』が含まれているのが注目される。一九三〇年代には同時代の魯迅《ろじん》（一八八一―一九三六）の作品が翻訳されるようになる。

改造社の「世界ユーモア全集」が全十二巻の最後に「支那篇」として古典とともに魯迅・郁達夫《いくたつふ》・張天翼《ちょうてんよく》の作品を並べているのは特異である。

戦後になると、いくつもの出版社が競って全集を出し、それぞれに売り上げを伸ばした。定期的に一冊あるいは二冊ずつ配本され、自らの書架に全集が完成していくのを楽しみにする。そうした経験をなつかしく思い出される読者もおられるだろうか。所収の作品を見ると、「大衆」「ユーモア」などに限定されず、従来は「漢文」とされていた中国古典のうちもっとも正統とされる著作も、他の言語と同じように原文なしで現代日本語訳される時代がやってきたことがわかる。河出書房や新潮社の世界文学全集（シリーズ名はそれぞれに異なる）が白話小説と近代文学を収めているのに対し、筑摩書房の「世界文学大系」全百巻（一九五八―一九六八）は『論語　孟子　大学　中庸』『司馬遷』『中国古典詩集I　屈原』『中国古典詩集II　王維　李白ほか』『文選』『中国古小説集』『中国散文選　班固　柳宗元ほか』『魯迅　茅盾』を収めている。白話小説は含まれておらず、いわゆる「漢文」的な古典と魯迅・茅盾《ぼうじゅん》とのあいだが空白という構成となっている。

「漢文」的とはいっても、『論語　孟子　大学　中庸』（一九六八年）の『論語』（倉石武四郎訳）は画期的な翻訳である。倉石訳の『論語』は日光書院から一九四九年に刊行され、加筆・補正されて筑摩書房「世界文学大系」に収められた。筑摩版にも「初版はしがき」が再録されているが、このはしがきで倉石は「元来、この翻訳は『論語』を漢文から解放するという所に目的があった」（二四八頁）と書いている。「できるだけ原典の呼吸を取り入れようと務めた。そのためには日ごろ中国の音で中国人なみに音読している習慣が一番役に立ったと、自分でも思う」（一四七頁）。「漢文」として訓読し、それを現代語訳するのではなく、中国語として『論語』を読み、平易な日本語に訳す。漢文教育から中国語教育への転換を主張した倉石ならではの使命感あふれる文章である。

一九六三年に岩波文庫で同じ『論語』の翻訳（原文・読み下し・現代語訳を載せる）を出した金谷治は、倉石訳について「まえがき」で次のように述べている。

新注の解釈に従った倉石武四郎博士のものがこれまでの中で翻訳といえるほとんど唯一のものである。原文と読み下しとをのせて、それに語釈や通釈を加えた類のものは極めて多いが、いずれも解説とか講釈とかいうべきもので、翻訳ではない。この問題は『論語』だけにとどまらないのであるが、中国の古典にはまだ安定した翻訳のスタイルができていないといってよかろう。『論語』のような原文の簡単なものでは、文章だけを追って訳してみても、もちろん十分には意味のとりにくい所が出てくる。いきおい解説めいてくるわけだが、それでは原文の調子は全くくずれてしまう。だれにでも分かるような翻訳という目標からして、この点に困難があった。それに、分かりやすくするということにも、現代的にはっきりさせ過ぎて却って原文の含蓄ある味わいを破るという恐れもあった。（一九九九年改訳版、八頁）

数多くの注釈書がある中国古典の基本テクスト『論語』であっても、訳しやすいわけではない。

「中国の古典にはまだ安定した翻訳のスタイルができていない」。その要因には、ほかの言語からの翻訳には存在しない訓読という方法の功罪が深く関わっているであろう。

筑摩書房はその後も「世界古典文学全集」全五十巻、「筑摩世界文学大系」全八十九巻などを刊行した。なかでも「古典」をシリーズ名に入れた「世界古典文学全集」(現在のシリーズ名は「筑摩世界古典文学全集」)には、中国の著作として『詩経国風　書経』『論語』『春秋左氏伝』『大学　中庸　孟子』『諸子百家』『史記列伝』『三国志』『陶淵明　文心雕龍』『李白』『杜甫』『韓愈』(複数巻にわたるものもあるが巻数は省略した)が入っているのが特徴的である。書き下し文(韻文の場合は原文も)と詳細な注を載せているが、つねに読みやすい現代語訳が最初に置かれている。筑摩書房が「文学」を広くとらえていることも見てとれよう。

平凡社・中央公論社・集英社・講談社などの「世界」を冠する文学シリーズは、西洋の作品も近代を中心としており、中国からは白話文学と近代小説を収めるのみである(以上、全集に関する記述は、矢口進也『世界文学全集』(トパーズプレス、一九九七年)を参照した)。

さて、次は、中国古典に特化したシリーズに目を向けよう。その代表は平凡社のシリーズである。平凡社はまず「中国古典文学全集」全三十三巻(一九五八―一九六一)を、次いで「中国古典文学大系」全六十巻(一九六七―一九七五)を刊行した。いずれも、原文なしで現代語訳と注を載せるという体裁である(ただし韻文の場合は原文を巻末にまとめて載せている)。

一方で、やはり原文および書き下し文を載せる方針で編纂されたシリーズも多い。

・朝日新聞社　中国古典選　全十二巻（一九五五―一九六三）
・明治書院　新釈漢文大系　全一二〇巻（一九六〇―刊行中）
・集英社　漢詩大系　全二十四巻（一九六四―一九六八）
・朝日新聞社　新訂中国古典選　全二十一巻（一九六五―一九七四）
・朝日新聞社　中国文明選　全十五巻（一九七一―一九七六）
・集英社　全釈漢文大系　全三十三巻（一九七三―一九八〇）
・学習研究社　中国の古典　全三十三巻（一九八一―一九八六）
・角川書店　鑑賞中国の古典　全二十四巻（一九八七―一九八九）

朝日新聞社の「新訂中国古典選」はのちに朝日文庫としても出版され、さらに朝日選書に入っているものもある（現在の出版社名は朝日新聞出版）。また、「中国文明選」は歴史・思想・文学・芸術の分野にわたり、独自性の高い選集となっている。

以上、中国のテクストを幅広くカバーしているシリーズを紹介した。新本では入手できないものも多いが、地域や大学の図書館には所蔵されている。中国の古典に興味をいだかれる読者は、ぜひ開架式の図書館で「世界」や「中国」を冠するシリーズを収めた書架のまえに立ってほしい。そこに翻訳で読むことできるテクストの沃野が広がっていることが実感されると思う。

さらに文庫本に目をやれば、岩波文庫・中公文庫・ちくま文庫・ちくま学芸文庫・角川ソフィア文庫（「ビギナーズ・クラシックス中国の古典」シリーズ）などが中国の古典を多く収めている。講談社学術文庫には、原文テクストを豊富に引用しながらわかりやすく解説したものも多い。平凡社の東洋文庫（判型はいわゆる文庫本よりも大きい）は、ほかでは読めない翻訳が入っていることで知られるシリーズである。

＊

さて、本書も「キーワードで読む中国古典」というシリーズの一冊である。本シリーズでは、古典の引用にあたって中国語の原文と現代日本語訳を載せるという新たな方針をとっている。訓読に基づく書き下し文は省略する一方で、原文は尊重した。原文の漢字の多くは日本語でも用いられているうえに、中国語を学ぶ人も増えていることをふまえて、原文によって古典に親しむ一助としたいと考えたのである。中国語を学んだことがなくても、漢文の知識によって文の構造がわかれば、おおまかにではあっても日本語訳と照らし合わせることができるはずである。

また、原文を示すことにはもう一つ大きなメリットがある。同じ漢字であっても、現代の日本語とは意味がちがう場合がある。そのことに気づくという点である。第一章の「鬼について」の「鬼」がその一例であるが、そのことは原文を目にしない限りわからない。日本語訳だけであれば、「幽霊」などと訳されてしまうからである。

＊

最後に「人ならぬもの」というテーマにもどって、鬼・禽獣・石に関するテクストの発展的読書のために、翻訳のあるテクストをいくつか紹介しておこう。中国の古典のうち、「人ならぬもの」にまつわる話の宝庫といえるのが「志怪」(怪を志《しる》す=不思議な出来事を記録する)と呼ばれる文言小説である。その代表は晋の歴史家である干宝《かんぽう》の『捜神記《そうじんき》』である。時代は下って清代には蒲松齢《ほしょうれい》の『聊斎志異』や紀昀《きいん》の『閲微草堂筆記《えつびそうどうひっき》』がある。これらの小説集には、幽霊に出会う話、動物の報恩譚、動物が人に化ける話などが多数収められている。また、石については、白話小説である『西遊記《さいゆうき》』『水滸伝《すいこでん》』『紅楼夢《こうろうむ》』がすべて不思議な石から始まっていることが注目される。たとえば、孫悟空はなぜ石から生まれるのか。その答えは本書の第三章とも大いに関連している。三つの白話小説を論じたジン・ワンの研究書『石の物語――中国の石伝説と「紅楼夢」「水滸伝」「西遊記」を読む』(第三章の「参考文献」を参照)には、霊薬となる石、音を出す石、もの言う石、成長する石など数々の石伝説が紹介されている。さらに、中国の「人ならぬもの」と世界各地の「人ならぬもの」とを比較してみるのもおもしろいだろう。シェイクスピア劇に現れる幽霊、日本のきつねやたぬきに化かされた話、西洋錬金術の「賢者の石」など、興味はつきない。

索 引

ア行

カ行

サ行

タ行

ナ行

ハ行

マ行

ヤ行

ラ行

ワ行

シリーズ・キーワードで読む中国古典　2
人ならぬもの
鬼・禽獣・石

2015年12月25日　初版第1刷発行

編　者　廣瀬玲子
著　者　廣瀬玲子・本間次彦・土屋昌明
発行所　一般財団法人　法政大学出版局
〒102-0071 東京都千代田区富士見 2-17-1
電話03(5214)5540／振替00160-6-95814
組版：HUP　印刷：ディグテクノプリント　製本：誠製本
装幀：奥定泰之

ISBN978-4-588-10032-1　Printed in Japan

著　者

廣瀬玲子（ひろせ・れいこ）本巻編者

専修大学文学部教授。専門は中国文学。主な著作・翻訳に「回復される均衡——元雑劇「緋衣夢」試論」（『東洋文化研究所紀要』第166冊、2014）、「おおわれた真実——元雑劇「救孝子」「殺狗勧夫」試論」（『専修人文論集』第91号、2012）、ジン・ワン『石の物語——中国の石伝説と『紅楼夢』『水滸伝』『西遊記』を読む』（法政大学出版局、2015）、アンヌ・チャン『中国思想史』（共訳、知泉書館、2010）など。

本間次彦（ほんま・つぎひこ）

明治大学政治経済学部／大学院教養デザイン研究科教授。専門は中国前近代思想。主な著作・翻訳に、『コスモロギア』（共著、法政大学出版局、2015）、『アジア学への誘い——国際地域の社会科学Ⅲ』（共著、明治大学政治経済学部創設百周年記念叢書刊行委員会、2008）、「再編と多様化、または、新たな主体の発明——王夫之研究の現状と課題」（『中国——社会と文化』24、2009）、B. A. エルマン『哲学から文献学へ——後期帝政中国における社会と知の変動』（共訳、知泉書館、2014）など。

土屋昌明（つちや・まさあき）

専修大学経済学部教授。専門は中国文学。主な著作・翻訳に、『神仙幻想——道教的生活』（春秋社、2002）、『目撃！文化大革命 映画「夜明けの国」を読み解く』（編著、太田出版、2008）、S. ブラン『北京1966——フランス女性が見た文化大革命』（共編訳、勉誠出版、2012）、『道教美術の可能性』（共編、勉誠出版、2010）など。